高校入試 10日でできる 国文法

特長と使い方

◆1日4ページずつ取り組み，10日間で高校入試直前に弱点が克服でき，実戦力を強化できます。

単元のポイントを確かめ，基礎を身につけましょう。

試験によく出るポイント　短時間で復習できるよう学習内容をまとめています。

ここをおさえる！　学習するうえでのねらいについてまとめています。

チェックテスト　上段の内容を理解できたか確かめます。

入試実戦テスト　入試問題を解いて，実戦力を養いましょう。

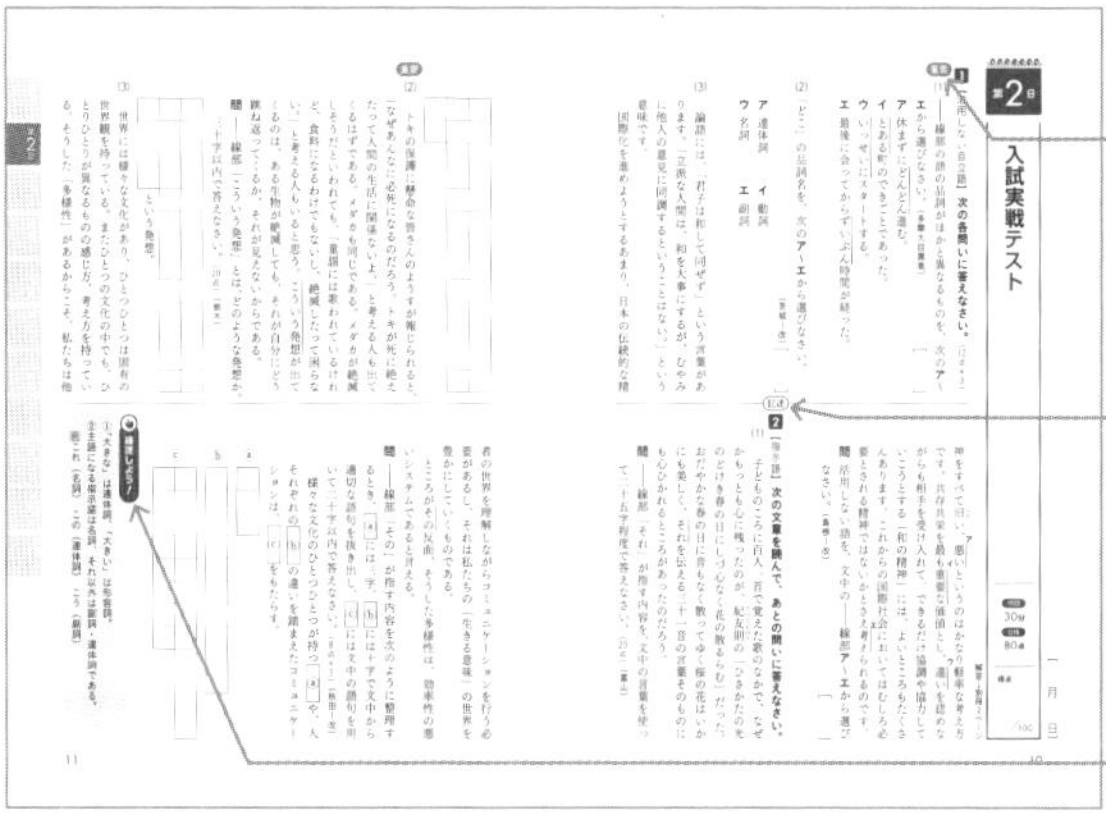

重要　入試でよく出題される問題です。

記述　記述式の問題です。

確認しよう！　問いの中でポイントとなる学習内容を確認します。

◆巻末には「総仕上げテスト」として，総合的な問題や，思考力が必要な問題を取り上げたテストを設けています。10日間で身につけた力を試しましょう。

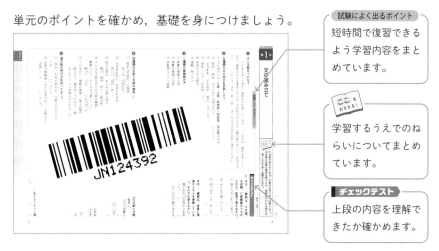

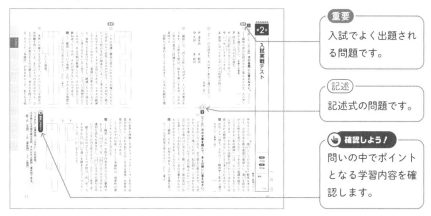

目次と学習記録

◆学習日と入試実戦テストの得点を記録して，自分自身の弱点を見極めましょう。
◆１回だけでなく，復習のために２回取り組むことでより理解が深まります。

特長と使い方 ……………………… 1
目次と学習記録表 ………………… 2
出題傾向・合格への対策 ……… 3

		1回目 学習日	1回目 得点	2回目 学習日	2回目 得点
第1日	文の組み立て …………………… 4	／	点	／	点
第2日	活用しない自立語 ① …………… 8	／	点	／	点
第3日	活用しない自立語 ② ………… 12	／	点	／	点
第4日	活用する自立語 ① …………… 16	／	点	／	点
第5日	活用する自立語 ② …………… 20	／	点	／	点
第6日	活用する付属語 ……………… 24	／	点	／	点
第7日	活用しない付属語 …………… 28	／	点	／	点
第8日	紛らわしい品詞・用語の識別 ① … 32	／	点	／	点
第9日	紛らわしい品詞・用語の識別 ② … 36	／	点	／	点
第10日	敬　語 ………………………… 40	／	点	／	点
総仕上げテスト	……………………… 44	／	点	／	点

試験における実戦的な攻略ポイント５つ，受験日の前日と当日の心がまえ ……………………… 48

本書に関する最新情報は，小社ホームページにある**本書の「サポート情報」**をご覧ください。(開設していない場合もございます。)

なお，この本の内容についての責任は小社にあり，内容に関するご質問は直接小社におよせください。

出題傾向

◆「国語」の出題割合と傾向

＜「国語」の出題割合＞

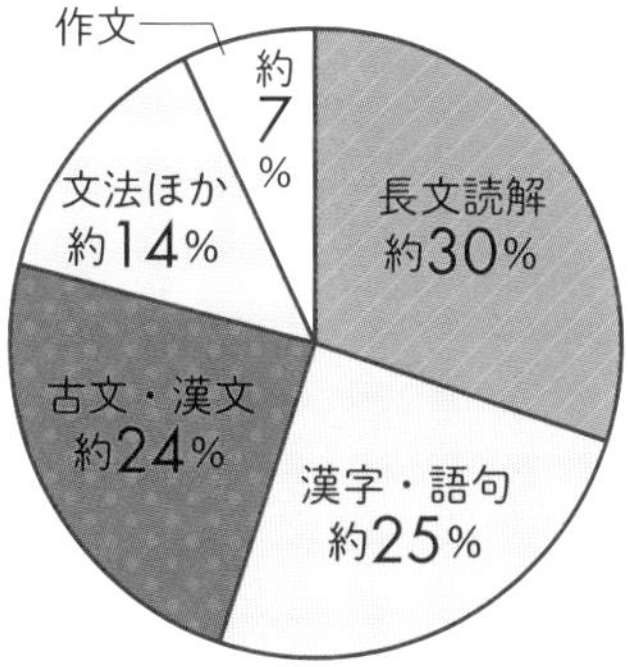

＜「国語」の出題傾向＞

- 出題される文章は，論説文・小説が中心。随筆からの出題は減少。
- 長文読解は，読解内容を問うものに図表の読み取りを加えた複合問題が増加。
- 漢字は，熟語の構成や慣用句・故事成語などに関する問題も出題される。
- 古文・漢文は，現代語訳や解説文との融合問題が主流。
- 作文は条件作文が中心で，課題作文や短文作成は減少。

◆「国文法」の出題傾向

- 論説文や小説と融合して出題される。
- 修飾・被修飾の関係を中心とした文節間の関係，用言や意味を複数もつ助動詞などの出題が多い。

合格への対策

◆長文読解

試験を意識して，文章を速く読むようにしましょう。また，論説文における要旨の把握や小説における心情把握も十分に練習しましょう。

◆漢　字

漢字の読み書きは頻出のため，ふだんから漢字を使う習慣をつけましょう。

◆古文・漢文

動作主や主語・述語の関係について，しっかりおさえながら文章を読めるように練習しましょう。

◆文　法

品詞の識別やそれぞれの品詞の意味・用法はよく問われるため，品詞分類表や活用表をしっかり暗記しましょう。

◆作　文

日頃から社会問題に目を向けて周辺の知識を増やしておくとともに，条件に合わせて時間内に文章をまとめる練習をしましょう。

第1日

文の組み立て

ここをおさえる!

①文節で答えるときは、文節の区切り方に注意しよう。
②主語と述語の関係を問うもの、修飾語のかかる部分を問うものが多く出題されます。

[　月　日]

試験によく出るポイント

❶ 文と文節をつかもう

一つのまとまった考え・意味などを表した、句点「。」までの一続きを文といい、文を、意味上からも発音上からも、不自然でないように最小限に切った一区切りを[①　　]という。文を「ネ」「サ」「ヨ」などで区切れる所と考えてもよい。

❷ 五種類の文の成分を区別しよう

(1) 文の成分には、主語・述語・修飾語・接続語・独立語がある。
(2) 「何が」「何は」などにあたる部分を[②　　]という。
(3) 「どうする」「どんなだ」「何だ」などにあたる部分を[③　　]という。
(4) 「何を」「いつ」「どんな」「どのように」などにあたる部分を[④　　]という。
(5) 前後の文や文節をつなぎ、条件や理由などを表す部分を接続語という。
(6) 感動、呼びかけ、応答などを表す部分を独立語という。

❸ 二種類の修飾語の違いを知ろう

(1) 体言を修飾する部分を[⑤　　]修飾語という。
(2) 用言を修飾する部分を[⑥　　]修飾語という。
(3) 修飾語はふつう被修飾語の前にある。被修飾語が体言か用言かで判断する。

チェックテスト

解答→別冊1ページ

1 次の――線部は、A主語、B述語、C修飾語のうちのどれか。記号で答えなさい。

(1) 妹がうれしそうに笑う。 [　　]
(2) みんなで海へ行こう。 [　　]
(3) ぼくもサッカーをした。 [　　]

2 次の――線部は、体言と用言のどちらを修飾しているか。それぞれ答えなさい。

(1) 海できれいな貝がらを拾った。 [　　]
(2) となりの犬が庭でほえる。 [　　]

❹ 四種類の文節と文節の関係（文節相互の関係）を覚えよう

(1)「何が(は)何だ」の関係……[⑦　　]の関係

ぼくは　中学生だ。

(2)「かざるものと、かざられるもの」の関係……[⑧　　]の関係

美しい　花が　咲く。

(3) 前の文節が、あとの文節と並立・対等にある関係を並立(対等)の関係という。

桃と　桜が　咲く。(桃が咲く。桜が咲く。)

(4) 主となる文節をあとの文節が補助し、意味などを添える関係を[⑨　　]の関係という。主となる文節に、「て・で」を伴うことが多い。

降って　いる。　つないで　ある。

(5) このほかに「接続の関係」「独立の関係」もある。

雨なので、遠足はとりやめた。(接続の関係)

もしもし、ペンが落ちましたよ。(独立の関係)

❺ 連文節の呼び方を知っておこう

(1)「何が」を表す部分が二文節以上でできている場合は、「主語」といわず、「[⑩　　]」という。

(2) 述語や修飾語にあたる部分が、二文節以上でできている場合は、それぞれ、「述部」・「[⑪　　]」という。

3 **次の――線部の文節と文節の関係を答えなさい。**

(1) トマトときゅうりを買う。 [　　]

(2) 赤い風船が飛んでいる。 [　　]

4 **次の――線部はどこにかかるか。一文節で抜き出して答えなさい。**

前日、彼女はぬかりなくお店に予約を入れたが、それを知らないぼくたちは、朝早くから並ぶことにしていた。

[　　]

5 **次の文の文節数を、算用数字で答えなさい。**

夜空に星がきらきらと輝く。 [　　]

第1日

入試実戦テスト

時間 30分
合格 80点
得点 /100
[　月　日]
解答→別冊1ページ

1 【文節の切り方】**次の文の文節の切れ目に、|を引きなさい。**（5点×3）（神奈川）

(1) 歩く人が多くなればそれが道になるのだ。（沖縄—改）

(2) そんな考えを持ったのは初めてであった。（佐賀—改）

(3) 遠方から来たというわけでもないだろう。（ラ・サール高—改）

2 【主語と述語】**次の各文を読んで、あとの問いに答えなさい。**（10点×2）

(1) どんな細胞でも、その中身、つまりタンパク質や脂質など細胞を形作る分子群は絶え間なく合成と分解をくり返し、流転《るてん》しながらも何とかバランスを保っている「動的平衡」状態にある。

問 ——線部の主部を、二文節で抜き出しなさい。（大分—改）

[　　　　]

(2) 時間の流れとともに変化する自然は、その姿を通じて、我々の心のなかに、美は移《うつ》ろい易《やす》いもの、はかないものであり、それ故にいっそう貴重で、いっそう愛すべきものだという感覚を育て上げた。

問 ——線部の主語を、一文節で抜き出しなさい。（京都—改）

[　　　　]

3 【修飾語のかかる部分】**次の文の——線部がかかっている部分を、一文節で抜き出しなさい。**（10点×3）

(1) 一年後、自分たちはもう、歓声をあげて海へ飛び込むことも屈託なく騒ぎ合うこともないだろう。（秋田—改）

[　　　　]

(2) 先生にそう言われて見直すと、たしかに東の絵画は南の絵画と比べて鮮やかに映える。（石川—改）

[　　　　]

(3) 太郎はぺたぺたとマンガと雑誌の告知が貼られたガラスの自動ドアを通って本屋に入った。（城北埼玉高—改）

[　　　　]

重要

4【修飾語のかかる部分】**次の文の——線部がかかっている部分を、あとのア〜エから選びなさい。**（5点×3）

(1) いかなる困難にもくじけない強い心。（多摩大目黒高）

ア 困難にも
イ くじけない
ウ 強い
エ 心

［　　］

(2) 私は、どこかのだれかを幸せにする虹を想像するのが楽しい。（滋賀—改）

ア だれかを
イ 幸せにする
ウ 想像する
エ 楽しい

［　　］

(3) それが、いっそう信夫を遠ざけることになっていることを知らない。（長崎—改）

ア 信夫を
イ 遠ざける
ウ ことに
エ なっている

［　　］

重要

5【文節の関係】**次の各問いに答えなさい。**（10点×2）

(1) 次の文の——線部「震わせる」と「音楽は」の二つの文節の関係として最も適切なものを、あとの**ア**〜**エ**から選びなさい。（愛知—改）

心を込めて演奏をしなければ、人の心を震わせる音楽はできない。

ア 主語・述語の関係
イ 修飾・被修飾の関係
ウ 並立（対等）の関係
エ 補助の関係

［　　］

(2) 次の文の——線部「危うく」と「なる」の二つの文節の関係として最も適切なものを、あとの**ア**〜**エ**から選びなさい。（筑波大附高—改）

自然環境のことを配慮せずに自由にふるまえば、わたしたち人間の存在自体が危うくなる。

ア 主語・述語の関係
イ 補助の関係
ウ 並立（対等）の関係
エ 修飾・被修飾の関係

［　　］

確認しよう！

①「補助の関係」にある文節の数は二つである。
例 歩いて／いる　食べて／みる
②主語は「〜が」と置き換えることができる。

第2日

活用しない自立語 ①

〔　月　日〕

ここをおさえる!

①連体詞を見分ける問題が多く出題されます。

②代名詞では、指示語の指す内容を問うものが多く出題されます。

試験によく出るポイント

❶ 名詞の性質を理解しよう

(1) 事物の名前を表す単語である。

(2) 〔①　　　〕で、活用しない語である。

(3) 文の成分上、単独で〔②　　　〕になることができる。

❷ 五種類の名詞を区別しよう

(1) 同じ種類の事物に通じて用いられる呼び名を**普通名詞**という。

例 机・友情・教室・鉛筆・ボール　など。

(2) 地名・人名など、その物だけにつけた呼び名を〔③　　　〕名詞という。

例 イギリス・琵琶湖《びわこ》・豊臣秀吉《とよとみひでよし》・平家物語《へいけものがたり》　など。

(3) 数量や順序を表す呼び名を**数詞**という。

例 十個・十番め・八台・一メートル・十ダース・いくつ　など。

(4) こと・もの・ところ　など、それだけでは意味がはっきりせず、修飾語を受けて補助的に使われる言葉を〔④　　　〕名詞という。

(5) 人や事物の名前を言わずに、直接に指し示す言葉を代名詞という。

❸ 代名詞の種類を知ろう

(1) 人を指し示すものを**人称代名詞**という。

(2) 事物・場所・方角を指し示すものを**指示代名詞**という。

チェックテスト

解答→別冊2ページ

1 次の文中の名詞を抜き出し、また、その種類を答えなさい。

(1) 白い雲が浮かぶ。
〔　　　〕〔　　　〕

(2) やっと本を一冊読んだ。
〔　　　〕〔　　　〕
〔　　　〕〔　　　〕

(3) あの山が富士山です。
〔　　　〕〔　　　〕
〔　　　〕〔　　　〕

2 次の文中から形式名詞を抜き出しなさい。

(1) ピーマンを食べることができる。
〔　　　〕

(2) これは難しいほうの問題集だ。
〔　　　〕

❹ 代名詞の種類を表で確認しよう

人	ぼく わたし	きみ あなた	このかた	そのかた	あのかた かれ	どなた だれ
事物	／	／	これ	それ	〔⑤　〕	どれ なに
場所	／	／	ここ	〔⑥　〕	あそこ	どこ
方向	／	／	こちら こっち	そちら そっち	あちら あっち	〔⑦　〕 どっち

❺ 連体詞の性質を理解しよう

(1) 〔⑧　〕修飾語として用いられる**自立語**で、**活用しない**。

(2) 連体詞に入る単語の例をあげると、次のようなものがある。

例 この・その・〔⑨　〕・どの・かの／
大きな・小さな・いろんな・おかしな／
たいした・きたる・あらゆる・いかなる・ある・去る・わが

(3) 「白い花」「にぎやかなクラス」「まわるいす」の「白い」「にぎやかな」「まわる」は、連体修飾語ではあるが、「花は白い」「クラスはにぎやかだ」「いすがまわる」と、述語になったり、活用もするので、連体詞ではない。「白い」は形容詞、「にぎやかだ」は形容動詞、「まわる」は動詞である。

(4) 「これ・それ・あれ・どれ」は、「これは何か。」のように、主語になるので、連体詞でなく、〔⑩　〕である。
「この・その・あの・どの」は、指し示す言葉であるが、「その本」のように、活用せず**連体修飾語**になるので、連体詞である。

3 **次の文中から連体詞を抜き出しなさい。**

(1) 小さな声で話しかける。 〔　　〕

(2) これが、いわゆる地域の伝統行事なのだ。 〔　　〕

(3) ある晴れた日に、それは起きた。 〔　　〕

4 **次の――線部の品詞名を答えなさい。**

(1) あれが、ぼくの先生です。 〔　　〕

(2) あの人が、ぼくの先生です。 〔　　〕

(3) 兄は、いろんな本を読む。 〔　　〕

(4) 兄は、いろいろな本を読む。 〔　　〕

第2日

入試実戦テスト

時間 30分
合格 80点
得点 ／100
［ 月 日］

解答→別冊2ページ

重要 **1** 【活用しない自立語】**次の各問いに答えなさい。**（12点×3）

(1) ——線部の語の品詞がほかと異なるものを、次の**ア**～**エ**から選びなさい。〔多摩大目黒高〕［　　］

ア 休まずにどんどん進む。
イ とある町のできごとであった。
ウ いっせいにスタートする。
エ 最後に会ってからずいぶん時間が経った。

(2) 「どこ」の品詞名を、次の**ア**～**エ**から選びなさい。〔茨城—改〕［　　］

ア 連体詞　**イ** 動詞
ウ 名詞　**エ** 副詞

(3) 論語には、「君子は和して同ぜず」という言葉があります。「立派な人間は、和を大事にするが、むやみに他人の意見に同調するということはない。」という意味です。

国際化を進めようとするあまり、日本の伝統的な精神をすべて旧《ふる》い、**ア**悪いというのはかなり軽率な考え方です。共存共栄を最も**イ**重要な価値とし、**ウ**違いを認めながらも相手を受け入れて、できるだけ協調や協力していこうとする「和の精神」には、よいところもたくさんあります。これからの国際社会においてはむしろ必要とされる精神ではないかとさえ**エ**考えられるのです。

問 活用しない語を、文中の——線部**ア**～**エ**から選びなさい。〔島根—改〕［　　］

記述 **2** 【指示語】**次の文章を読んで、あとの問いに答えなさい。**

(1) 子どものころに百人一首で覚えた歌のなかで、なぜかもっとも心に残ったのが、紀友則《きのとものり》の「ひさかたの光ののどけき春の日にしづ心なく花の散るらむ」だった。おだやかな春の日に音もなく散ってゆく桜の花はいかにも美しく、それを伝える三十一音の言葉そのものにも心ひかれるところがあったのだろう。

問 ——線部「それ」が指す内容を、文中の言葉を使って二十五字程度で答えなさい。（20点）〔富山〕

重要

(2) トキの保護に懸命な皆さんのようすが報じられると、「なぜあんなに必死になるのだろう。トキが死に絶えたって人間の生活に関係ないよ。」と考える人も出てくるはずである。メダカも同じである。メダカが絶滅しそうだといわれても、「童謡には歌われているけれど、食料になるわけでもないし、絶滅したって困らない。」と考える人もいると思う。こういう発想が出てくるのは、ある生物が絶滅しても、それが自分にどう跳ね返ってくるか、それが見えないからである。

問 ――線部「こういう発想」とは、どのような発想か。三十字以内で答えなさい。（20点）（栃木）

という発想。

(3) 世界には様々な文化があり、ひとつひとつは固有の世界観を持っている。またひとつの文化の中でも、ひとりひとりが異なるものの感じ方、考え方を持っている。そうした「多様性」があるからこそ、私たちは他者の世界を理解しながらコミュニケーションを行う必要があるし、それは私たちの「生きる意味」の世界を豊かにしていくものである。

ところがその反面、そうした多様性は、効率性の悪いシステムであると言える。

問 ――線部「その」が指す内容を次のように整理するとき、ⓐには三字、ⓑには十字で文中から適切な語句を抜き出し、ⓒには文中の語句を用いて二十字以内で答えなさい。（8点×3）（秋田―改）

様々な文化のひとつひとつが持つ ⓐ や、人それぞれの ⓑ の違いを踏まえたコミュニケーションは、ⓒ をもたらす。

ⓐ

ⓑ

ⓒ

確認しよう！

①「大きな」は連体詞、「大きい」は形容詞。
②主語になる指示語は名詞、それ以外は副詞・連体詞である。
例 これ（名詞） この（連体詞） こう（副詞）

第3日

活用しない自立語 ②

〔　月　日〕

ここをおさえる!

①接続詞は、適語補充の形式で最も多く出題されます。
②副詞の呼応の主なものは覚えておくようにしよう。
③副詞と連体詞の識別ができるようにしておこう。

解答→別冊3ページ

試験によく出るポイント

❶ 副詞の性質を理解しよう

(1) 主として〔①　　〕修飾語に用いられる自立語で、活用しない。

(2) 「やや左のほうへ寄ってください。」のように名詞を修飾することや、「たいへんゆっくり話す。」のように、他の副詞を修飾することもある。

❷ 三種類の副詞を区別しよう

(1) 擬音（声）語・擬態語のように、動作などをはっきりさせる副詞を〔②　　〕の副詞という。……春の小川はさらさら流れる。

(2) 状態や動作の上について、どの程度かをはっきりさせる副詞を〔③　　〕の副詞という。……もっとたくさん食べなさい。

(3) 下の部分に特別の言いまわしを要求する副詞を、〔④　　〕の副詞という。……おそらく彼は勝つでしょう。

❸ 副詞の呼応の形を完全に覚えよう

(1) 決して、泣いたりし〔⑤　　〕。……否定（打ち消し）を伴う。

(2) たぶん、遊ばない〔⑥　　〕。……推量を伴う。

(3) なぜ、わからないの〔⑦　　〕。……疑問を伴う。

(4) たとえ雨であっ〔⑧　　〕行きましょう……仮定を伴う。

(5) まるで太陽の〔⑨　　〕人だ。……たとえを伴う。

チェックテスト

1 次の〔　〕の中に言葉を入れて、文を完成しなさい。

(1) めったに会わ〔　　〕。

(2) もし雨が降っ〔　　〕、試合は中止だ。

(3) きっと来る〔　　〕。

(4) まるで海の〔　　〕青い。

2 次の文の副詞に――を引き、副詞が修飾している部分に＝＝を引きなさい。

(1) ちらちら、粉雪が舞う。

(2) 彼は、こわごわ、大きな犬に近づいた。

(3) 人々は不気味そうに、ひそひそと話し合った。

(4) 太陽がゆっくり沈む。

❹ 接続詞の性質を理解しよう

(1) 主として、文と文をつなぎ、その関係を示す。
(2) 活用［⑩　　］。
(3) 文の成分上、［⑪　　］になる。

❺ 六種類の接続詞を区別しよう

(1) 前の事がらとあとの事がらを、並立させたり、つけ加えたりする。
並立（並列）・累加（添加）……そして・そのうえ・また
(2) 前の事がらから順当に考えられる事がらをあとに述べる。
［⑫　　］……だから・したがって・すると・それで
(3) 前の事がらと逆になるような事がらをあとに述べる。
［⑬　　］……しかし・けれども・でも・ところが
(4) 前の事がらについての説明や付け足しをあとに述べる。
［⑭　　］……なぜなら・ただし・すなわち
(5) 前の事がらとあとの事がらとを比較したり、どちらかを選んだりする。
対比・選択……または・あるいは・それとも・一方・および
(6) 話題を変える。
［⑮　　］……ところで・それでは・さて

❻ 感動詞の性質を理解しよう

(1) 感動（例 ああ・おお・まあ）・［⑯　　］（例 もしもし・やあ・おい）・応答（例 はい・いいえ・ええ）・あいさつ（例 おはよう）などを表す。
(2) 文の成分上、［⑰　　］になる。会話文の初めに位置することが多い。

3 次の接続詞と、ほぼ同じはたらきをするものを、あとの［　］からすべてさがして答えなさい。

(1) ずいぶん練習した。しかし、できなかった。
［　　・　　・　　］
(2) ずいぶん練習した。それで、ヒットが打てた。
［　　・　　］

ところで・ところが・だから・または・さて・けれども・かつ・だが・ならびに・したがって

4 次の文中から感動詞を抜き出しなさい。

(1) こら、そこに立ってはいけませんよ。
［　　］
(2) ああ、楽しかった。
［　　］

第3日 入試実戦テスト

時間 30分
合格 80点
得点 ／100
［　月　日］

解答→別冊4ページ

1 【適語補充】**次の文章を読んで、あとの問いに答えなさい。**（10点×3）

(1) 闘病中の人はたとえ完治が望めないとしても、今の自分より少しでもよくなりたいと思うだろう。□、痛みを伴う、また生命の危険を伴う手術を受ける決心をし、リハビリにも励む。

（岸見《きしみ》一郎《いちろう》「幸福の哲学」）

問 □にあてはまる接続詞として最も適切なものを、次の**ア**～**オ**から選びなさい。（佐賀）［　　］

ア なぜなら　**イ** だから　**ウ** そのうえ
エ ところが　**オ** しかも

(2) 建物の中で暮らしていれば、建物の存在を感じられないように、自然の一部である日本人にとって「自然」とは、ごく身の周りにあって認識できないものであった。だからこそ、日本には「ネイチャー」を意味する言葉がなかったのである。

□、日本には「天地《あめつち》」という言葉はあった。天地は、人の住む世界だけを表す言葉ではない。すべての生物が天と地の間に住まっている。そこには人の住む空間と、野生生物の棲《す》む空間の区別はない。これが日本の自然観だったのである。

（稲垣栄洋《いながきひでひろ》「雑草が教えてくれた日本文化史」）

問 □にあてはまる言葉として最も適切なものを、次の**ア**～**エ**から選びなさい。（山梨）［　　］

ア ただし　**イ** なぜなら
ウ さらに　**エ** つまり

重要 (3) 確かに、科学技術の発達によって公衆の安寧と安全が保たれ、地球環境に優しい行為が自動的になされるようになるのだから、結構なことと言うべきかもしれない。

□、技術が発達すれば、その分だけ私たちの能力が失われていくことに注意する必要がある。

問 □にあてはまる言葉として最も適切なものを、次の**ア**～**エ**から選びなさい。（岐阜―改）［　　］

ア なぜなら　**イ** ただし
ウ しかし　**エ** それとも

2【副詞】**次の説明にあてはまる単語を、あとの文のア〜カから選びなさい。**(10点)(城北埼玉高)［　　］

自立語のうち活用がなく連用修飾語になるもの

・ところが、ア ある日、イ 静かに道をウ ゆっくり歩いているエ と、オ 白くて大きな犬と遭遇しカ た。

3【副詞】**品詞の分類から見て同じものはどれとどれか。次のア〜オから選びなさい。**(10点)(静岡―改)［　　・　　］

ア 幼い頃　**イ** 喜びとなる　**ウ** 決して気楽な

エ 単なる批判　**オ** ずっと関心を抱いて

4【品詞】**次の文の――線部「より」の品詞について説明したあとの文の ⓐ・ⓑ に、それぞれ適切な品詞名を答えなさい。**(10点×2)(兵庫)

さらに、より高いレベルの対話力とは、相手の経験世界にまで思いを馳《は》せることだ。

・「より」は、「高い」という ⓐ を修飾する ⓑ である。

ⓐ［　　］ⓑ［　　］

5【副詞】**次の文の――線部「うっかり」と異なる品詞を、あとのア〜オから選びなさい。**(10点)(高田高―改)［　　］

頭のいい先生にうっかり助言を求めてはいけない。

ア いわゆる　**イ** かえって　**ウ** やっと

エ 決して　**オ** やはり

重要

6【副詞】**次の文の――線部「常に」と同じ品詞の言葉を含むものを、あとのア〜エから選びなさい。**(10点)(滋賀―改)［　　］

動物たちは常に、森の奥へ、奥へと…

ア 音楽を静かに聞く。

イ 帰ってすぐに宿題をする。

ウ 教室をきれいに掃除する。

エ 校庭にすみやかに集まる。

7【副詞の呼応】**次の文は、――線部と……線部との言葉の関係が不適切です。この文の内容を変えないように、……線部を適切に書き直しなさい。**(10点)(北海道)

たとえ遠く離れた土地で暮らしたなら、故郷のことは決して忘れない。

［　　］

確認しよう！

①連用修飾語なら副詞、連体修飾語なら連体詞と考えてよい。

例 その本(連体詞)　そう言った(副詞)

②前後の文の関係に着目して接続詞を選ぶ。

第4日 活用する自立語 ①

［　月　日］

ここをおさえる！
①活用の種類を問う問題が多く出題されます。
②活用形を見分ける問題がよく出題されます。
③動詞を正しく活用できるようになろう。

試験によく出るポイント

❶ 動詞の性質を理解しよう

(1) 物事の動作・作用・存在などを表す単語で、言い切りの形がウ段の音で終わる。
(2)［①　　］で活用があり、文の成分上、単独で［②　　］になる。

❷ 動詞の活用を知ろう

活用する単語の変化しない部分を語幹、変化する部分を［③　　］という。

❸ 動詞の活用の種類を見分けよう

(1)「ない」をつけたとき、上の音が「ア段」になるものを［④　　］活用という。
(2)「ない」をつけたとき、上の音が「イ段」になるものを上一段活用という。
(3)「ない」をつけたとき、上の音が「エ段」になるものを下一段活用という。
(4)「来る」は、カ行の特別な活用をするので、［⑤　　］活用という。
(5)「する」は、サ行の特別な活用をするので、［⑥　　］活用という。

❹ 活用形をマスターしよう

(1)「ない・せる（させる）・う（よう）・れる（られる）」などに接続させて用いる形を［⑦　　］形という。
(2)「ます・た・て」などに接続させるときや、いったん文を中止してまた続ける場合に用いる形を連用形という。
(3) 言い切るときや、「と・から」などに接続させて用いる形を終止形という。

チェックテスト

解答→別冊4ページ

1 次の単語で、動詞には○、違うものには×をつけなさい。

(1) 静かだ［　］
(2) 調べる［　］
(3) 青　い［　］
(4) 投げる［　］

2 次の動詞の活用の種類を答えなさい。

(1) 書　く［　］
(2) 着　る［　］
(3) 知　る［　］
(4) 来　る［　］
(5) 逃げる［　］
(6) 出来る［　］
(7) 運動する［　］

(4) 「とき・こと」などの体言に接続させて用いる形を連体形という。
(5) 「ば」に接続させて用いる形を［⑧　　］形という。
(6) 命令の意味で言い切る形を命令形という。

❺ 動詞の活用表を完成させよう

動詞	語幹	未然形	連用形	終止形	連体形	仮定形	命令形	活用の種類
読む	読	ま も	み ん	む	む	め	め	五段活用
落ちる	落	ち	ち	ちる	ちる	［⑨　］	ちろ （ちよ）	上一段活用
考える	考	え	［⑩　］	える	える	えれ	えろ （えよ）	下一段活用
来る	○	［⑪　］	き	くる	くる	くれ	こい	カ行変格活用（カ変）
する	○	さ せ し	し	する	［⑫　］	すれ	しろ （せよ）	サ行変格活用（サ変）

❻ 自動詞と他動詞の区別を知ろう

動作や作用が他におよばず、それ自身だけのはたらきを表した動詞を［⑬　　］、他におよぶことを表した動詞を他動詞と呼ぶ。他動詞は目的語を必要とする。

自動詞｛風が吹く。｝｛窓が開く。｝｛彼に負ける。
他動詞｛笛を吹く。｝｛窓を開ける。｝｛彼を負かす。

❼ 可能動詞の性質・用法を理解しよう

(1) 「〜することができる」という可能の意味をもつ動詞を可能動詞という。
(2) 五段活用の動詞が［⑭　　］活用に転じたもので、［⑮　　］形がない。

歌う——歌える　読む——読める　泳ぐ——泳げる

3 次の——線部の活用形を答えなさい。

(1) いっしょに遊ぼう。［　　］
(2) 家を建てたい。［　　］
(3) 来るときは、電話して。［　　］
(4) 明日、試験を受けます。［　　］
(5) この本はもう読まない。［　　］
(6) 外出先で道に迷う。［　　］
(7) 学校まで走ればよい。［　　］

4 次の——線部の動詞の終止形を答えなさい。

(1) 彼は走らない。［　　］
(2) 彼は走れない。［　　］

第4日 入試実戦テスト

時間 30分
合格 80点
得点 　　／100
〔　月　日〕

解答→別冊5ページ

重要
1 【活用の種類・活用形】**次の各問いに答えなさい。**（6点×2）

(1) 買い物かごを手にしてたたずむ母。

問 ――線部と活用の種類が同じ動詞を、次の**ア**～**エ**から選びなさい。〔新潟―改〕 〔　　〕

ア 時々庭で見かける猫は、どこから来るのだろうか。
イ しばらく雨が降らないので、野菜の生育が心配だ。
ウ お気に入りのコートを着て、買い物に出かける。
エ 校庭に植えたバラの花が、今年もみごとに咲いた。

(2) ひとりでできることなどたかが知れている。

問 ――線部の動詞の活用形を、次の**ア**～**カ**から選びなさい。〔兵庫―改〕 〔　　〕

ア 未然形　**イ** 連用形　**ウ** 終止形
エ 連体形　**オ** 仮定形　**カ** 命令形

2 【動詞の活用】**次の各問いに答えなさい。**

(1) あとの文中の[A]～[C]に、次の動詞を適切に活用させて入れなさい。（8点×3）〔大阪星光学院高―改〕

拡《ひろ》がる　まみれる　沈む　率いる
つく　抜く　はく

・その頃《ころ》、目立った産業のない谷中村の人々の生活はどの家も貧しかったが、中でも孝夫の家庭の貧困は群を[A]ていた。

・必ず、勉強はちゃんとやれよ、と声をかけられる孝夫であったが、土ぼこりに[B]、陽《ひ》に赤黒く焼け過ぎた貧相な禿《は》げ頭を見ると、自分の将来の姿を見せつけられているようで、子供心にも暗然たる思いを抱《いだ》いたものだった。

・祖母はザルの中の小豆《あずき》に向かって悪態を[C]た。

A〔　　〕 B〔　　〕 C〔　　〕

(2) 「話しかけるよう心がけています」の――線部「心がけ」は動詞である。①活用の種類と、②活用形を答えなさい。（8点×2）〔熊本〕

①〔　　〕 ②〔　　〕

(3) ——線部a～eの動詞について、あとの問いに答えなさい。(8点×3)(大阪教育大附高(池田)—改)

・研究の結果を調《a》べてみても、…
・これまでに得《b》た研究の結果は、…
・初期微動の長さの秒数を数《c》えたり、…
・飲み残りの紅茶をなめ《d》ながら…
・腰が抜けて逃げ《e》られなくなった…

① これらの動詞に共通する活用の種類を、次のア～オから選びなさい。〔　〕

ア 五段活用　イ 上一段活用
ウ 下一段活用　エ サ行変格活用
オ カ行変格活用

② 活用形がほかと異なるものを、a～eから選びなさい。〔　〕

③ ②で選んだ動詞の活用形を、次のア～カから選びなさい。〔　〕

ア 未然形　イ 連用形
ウ 終止形　エ 連体形
オ 仮定形　カ 命令形

重要

(4) ——線部①～③の動詞について、活用する行・活用の種類・活用形を答えなさい。(8点×3)(慶應義塾高)

・そう断言でき①るのは、スポーツが人間の「身体」に依拠した文化であり、20世紀に入って、人間が「身体」の重要性に気づいたからである。
・時代がくだると、「永遠不滅の霊魂」を説くキリスト教思想が普及し、西洋中世での「身体」は、古代ギリシア時代よりも軽視さ②れるようになる。
・ニーチェの「身体論」が登場したのとちょうど同じ時期に、西洋で（いち早く産業革命を経③たイギリスを中心に）スポーツのルールや組織が整えられ、近代スポーツが誕生した。

①〔　行　活用　形〕
②〔　行　活用　形〕
③〔　行　活用　形〕

確認しよう！

①動詞の活用の種類は「ない」をつけて未然形にし、その活用語尾で見分けよう。
②可能動詞は五段活用の動詞からしか作れないことに注意しよう。

第5日

活用する自立語 ②

［　月　日］

ここをおさえる！

①形容詞と助動詞の「ない」、また形容動詞と助動詞の「だ」の識別が多く出題されます。
②形容詞と形容動詞を見分けられるようにしよう。

解答→別冊6ページ

試験によく出るポイント

❶ 形容詞の性質を理解しよう

(1) 事物の性質や状態を表す自立語で、活用がある。
(2) 言い切りの形が、「［①　　　］」で終わる。
(3) 単独で、文の成分上、［②　　　］・修飾語になる。
(4) 他の語のあとについて、補助的なはたらきをする形容詞を補助形容詞という。
あまり難しくない。　これは本でない。　そこへ行ってほしい。

❷ 形容詞の活用表を完成させよう

形容詞	語幹	未然形	連用形	終止形	連体形	仮定形	命令形	
青い	青	かろ	かっ く	い	い	［③　　］	○	・形容詞の活用の種類は一種類 ・命令形はない

❸ 形容詞の音便の形を覚えておこう

形容詞の連用形の語尾が、「う」に変化することを「ウ音便」という。
楽しゅうございます。（楽しく→楽しゅう）
どうもお暑うございます。（［④　　　］→暑う）

❹ 形容詞の構成を知っておこう

(1) 二つ以上の単語が合わさってできた複合語。（せま苦しい）
(2) 形容詞に［⑤　　　］がついてできた形容詞。（こ高い）

チェックテスト

1 次の文中から形容詞をさがし、終止形で答えなさい。

(1) その時計は新しかった。
［　　　　］

(2) 向こうから背の高い男がやって来る。
［　　　　］

(3) 漱石《そうせき》について、詳しく書いてある本を紹介してください。
［　　　　］

2 次の文中から形容動詞を抜き出しなさい。

(1) 彼女は、とても親切な人です。
［　　　　］

(3) 単語に［⑥　　］がついてできた形容詞。（あらっぽい）

❺ 形容動詞の性質を理解しよう

(1) 事物の性質や状態を表す**自立語**で、**活用がある**。

(2) 言い切りの形が、「［⑦　　］」で終わる。

(3) 単独で、文の成分上、述語・修飾語になる。

❻ 形容動詞の活用表を完成させよう

形容動詞	語幹	未然形	連用形	終止形	連体形	仮定形	命令形	
親切だ	親切	［⑧　　］	だっ で に	だ	な	なら	○	・形容動詞の活用の種類は一種類 ・命令形はない

❼ 形容動詞の他の品詞への変化に注意しよう

(1) 形容動詞の語幹に「さ」「み」などの接尾語をつけると、品詞は、［⑨　　］に変わる。

新鮮だ（形容動詞）→新鮮さ（名詞）
鮮やかだ（形容動詞）→鮮やかさ（名詞）
暖かだ（形容動詞）→［⑩　　］（名詞）

(2) 語幹は同じでも、形容詞になるものと、形容動詞になるものがある。形容詞と形容動詞の活用語尾で品詞を区別する。

暖かい（形容詞）　暖かだ（形容動詞）
細かい（形容詞）　［⑪　　］（形容動詞）
まっ白い（形容詞）　まっ白だ（形容動詞）
やわらかい（形容詞）　［⑫　　］（形容動詞）

(2) 山の色が鮮やかならば、写生をしよう。
［　　］

(3) 同窓会で会った友人と、愉快におしゃべりをした。
［　　］

3 次の――線部の品詞名と活用形を答えなさい。

(1) ぼくの足元でかわいい猫が鳴いている。
［　　］［　　］

(2) 窓からさわやかな風が吹いてきた。
［　　］［　　］

(3) ピエロがボールの上で軽やかに跳ねる。
［　　］［　　］

(4) 東の空がだんだん明るくなってきた。
［　　］［　　］

第5日

入試実戦テスト

時間 30分
合格 80点
得点　　／100
[　月　日]
解答→別冊6ページ

1【形容詞】**次の各問いに答えなさい。**（10点×2）

(1) 次の文の——線部「楽しく」と品詞の種類が同じものを、あとの**ア**〜**エ**から選びなさい。（山口）［　　］

楽しくもあり、つらくもある。

ア 残された　**イ** きわめてゆがんだ世界
ウ 学生も多いが　**エ** 格別である

(2) 次の文章を読んで、あとの問いに答えなさい。

ひとりで思い悩み、答えがどうしても出ないとき、その悩みをだれか親しい人にちょっとでもわかってほしいと願う。しかし、聴く者は、話の内容が重いし、相手からなかなか言葉が漏れてこないので、その緊迫に堪えきれなくなって、「あなたが言いたいのはこういうことじゃないの?」と誘い水を向ける。話すほうはその明快な語り口につい乗ってしまう。「わかってもらえた。」と。だが、これが実は最もまずい聴き方なのだ。

だれかに聴いてもらおうと人が重い口を開くのは、自分が受け入れてもらえる、そういう感触を確認できたときである。

問 ——線部**ア**〜**エ**の中から品詞の異なるものを一つ選びなさい。（愛媛—改）［　　］

重要

2【形容詞】**次の各問いに答えなさい。**（15点×2）

(1) ——線部「大きく」と同じ品詞の言葉が含まれているものを、あとの**ア**〜**エ**から選びなさい。（長野）［　　］

男は老婆に耳を寄せ、大きく頷《うなず》いて、うん、今年もよう咲いたとね、と大声で言った。

ア 小さな花が咲く。
イ きれいに机をふく。
ウ 文字をはっきり書く。
エ 空がとても青かった。

(2) ——線部の品詞が異なるものを、次の**ア**〜**オ**から選びなさい。（國學院高）［　　］

・つねにプラスの働きをするとは限らない。
・固いというマイナスの意味しかないのであろうか。

・若いメス猿は責任がない（ウ）ので、何でも自由に試してみることができる。

・今の子供は、一家で（家族で）行動することが少なくなっているのではない（エ）だろうか。

・引きこもりになったり不登校になったりしている例が少なくない（オ）ようである。

重要 **3** **【形容動詞】次の各問いに答えなさい。**（10点×5）

(1) そうかと言っていちいち言葉を言いかえるのも大変なことだろう。

問 ――線部「大変な」と同じ品詞が含まれていない文を、次の**ア**〜**エ**から選びなさい。（埼玉）［　　］

ア この教室は静かで落ち着いた雰囲気がある。

イ さわやかな気持ちで朝を迎えた。

ウ 今日の海はとてもおだやかだ。

エ 今にも雨が降り出しそうな空を眺める。

(2) 作品というものを丹念につくり上げ、世に送り出しているのである。

問 ――線部「丹念に」は形容動詞の連用形である。――線をつけた形容動詞が連用形であるものを、次の**ア**〜**オ**から選びなさい。（福島）［　　］

ア 彼女なら、きっと大丈夫だろう。

イ 腕前が確かなら、頼みましょう。

ウ 性格がとてもおだやかである。

エ 遠くにかすかな光が見える。

オ 私が選ばれて、非常に光栄だ。

(3) 何気に彼女、コンクールの優勝者らしいよ。

問 ――線部「何気に」の文法的な面について説明した次の文の A 〜 C にあてはまる最も適切な言葉を答えなさい。（ラ・サール高―改）

「何気に」の元の形は「 A 」という B 詞である。それが、形だけみると C 詞の活用形が混入しているが、実際の使用において「何気に」以外の形で用いられる例はなく、副詞としてのみ機能している。

A［　　］　B［　　］
C［　　］

確認しよう！

①「〜な」を「〜だ」に言い換えることができれば形容動詞。

例 ○ 静かな→静かだ　× 小さな(連体詞)→小さだ

○ いろいろな→いろいろだ　× いろんな(連体詞)→いろんだ

②形容詞と助動詞の「ない」を区別しよう。

第6日

活用する付属語

〔　月　日〕

ここをおさえる！

①意味・用法を区別させる問題が多く出題されます。
②「れる・られる」「ない」「ようだ」は頻出です。
③意味・用法を正しく区別できるようにしよう。

解答→別冊7ページ

試験によく出るポイント

❶ 助動詞の性質を理解しよう

(1) 付属語で、活用［①　　］。
(2) 用言や体言などに、いろいろな意味を添える単語である。

❷ 助動詞の（意味による）分類を覚えよう

◆受け身・可能・自発・尊敬の意味を表す。 ⬇れる・られる

(1) ぼくは、山中で雨に降られた。（［②　　］）
(2) この問題ぐらいは調べられる。（［③　　］）
(3) 先生が明日私の家に来られる。（［④　　］）
(4) いなかの祖母が案じられる。（自発）

◆断定・推定・推量などの意味を表す。
⬇だ・です・らしい・ようだ（ようです）・そうだ（そうです）・まい・う・よう

(1) きのうは雨だった。（［⑤　　］）
(2) 外は雨です。（丁寧な断定）
(3) あすは雨が降るそうだ。（［⑥　　］）
(4) あすは雨が降りそうだ。（推定〈様態〉）
(5) 向こうの滝の音は、まるで雨のようだ。（［⑦　　］）

チェックテスト

1 次の「られる」の意味を、受け身(A)・自発(B)・可能(C)・尊敬(D)で区別しなさい。〔栃木—改〕

(1) 夕日に染められる。［　　］
(2) なんでも食べられる。［　　］
(3) 天気が案じられる。［　　］
(4) 先生が中学校に来られる。［　　］

2 次の文中から、助動詞をさがして、——を引きなさい。

(1) あすは、必ず勉強します。

(6) 外は雨のようだ。〔⑧　　〕
(7) あすは雨らしい。〔⑨　　〕
(8) あすは雨だろう。〔⑩　　〕
(9) 彼は映画には行くまい。〔⑪　　〕
(10) 一緒に出かけよう。（勧誘）

◆想起（確認）・過去・完了の意味を表す。**⬇た**（動詞の音便形についた「だ」）
(1) あなたは、どなたでしたか。（想起）
(2) きのう、山田君の家に行った。〔⑫　　〕
(3) 今終わったところです。〔⑬　　〕

◆意志の意味を表す。**⬇う・よう**
早く宿題をすませよう。（意志）　早く宿題をやろう。（意志）

◆使役《しえき》の意味を表す。**⬇せる・させる**
弟にそうじをさせる。（使役）　弟に調べさせる。（使役）

◆希望の意味を表す。**⬇たい・たがる**
映画を見たい。（希望）　映画を見たがる。（希望）

◆否定（打ち消し）の意味を表す。**⬇ない・ぬ（ん）**
公園へは行かない。（否定）　雨は降らぬ。（否定）

◆丁寧の意味を表す。**⬇ます**
あす、学校へ行きます。（丁寧）

(2) この本は、ぜひ読みたい。
(3) この本を、君にやろう。
(4) まるで雪のようだ。

3 **次の――線部の助動詞が表す意味は何か。あとのア〜クから選び、記号で答えなさい。**

(1) こちらから行くほうが、近いそうだ。〔　　〕
(2) 美しくなりたい。〔　　〕
(3) 二十四歳のとき、小説を初めて書いた。〔　　〕
(4) この問題を、ゆっくり考えよう。〔　　〕
(5) あす、母が、学校に参ります。〔　　〕

ア 過去　**イ** 意志
ウ 推量　**エ** 希望
オ 丁寧　**カ** 使役
キ 自発　**ク** 伝聞

第6日

入試実戦テスト

時間 30分
合格 80点
得点 ／100

［　月　日］

解答↓別冊7ページ

重要

1【「ない」の区別】**次の各問いに答えなさい。**（10点×3）

(1) 彼女のようになりたいと思うのに、そうできない、かなわないという…

問 ――線部「ない」と同じ用法のものを、次の**ア**～**エ**から選びなさい。（都立新宿高―改）［　　］

ア 桜の花が散るのを見るのははかない。
イ このテレビゲームはおもしろくない。
ウ 近所の公園にはゴミがない。
エ 荷物がなかなか届かない。

(2) 自宅ではできない調べ学習などもできると思います。

問 ――線部「ない」と異なる用法のものを、次の**ア**～**エ**から選びなさい。（茨城）［　　］

ア 始業時間には間に合わない。
イ このバスには乗客がいない。
ウ 子どもの表情はあどけない。
エ これだけは絶対に食べない。

(3) ――線部の品詞がほかと異なるものを、次の**ア**～**エ**から選びなさい。（多摩大目黒高）［　　］

ア 今日は夕食を食べたくない。
イ 今日が日曜日ではないことに気が付いた。
ウ おいしくないお菓子を無理して食べた。
エ 時計が壊れて動かない。

重要

2【「れる」「られる」の区別】**次の各問いに答えなさい。**（10点×3）

(1) 「安心」感も得られるからではないかと思われます。

問 ――線部「られる」と同じはたらきをしているものを、次の**ア**～**エ**から選びなさい。（島根）［　　］

ア 友人の言葉に教えられる。
イ 明日はお客様が来られる。
ウ 早春の気配が感じられる。
エ この制服はまだ着られる。

(2) 心の美しさが窒息されずに、それがほのぼのと化粧された美しい顔や服装を通して感じられるとき、僕はその人を本当に美しいと思うのである。

問　――線部「られる」の意味を、次のア〜エから選びなさい。（共立女子第二高）［　　］

ア　使役　イ　尊敬

ウ　自発　エ　受け身

(3)　先生はきっと迷惑をされたに違いない。

問　――線部「れ」と同じ意味・用法のものを、次のア〜エから選びなさい。（都立立川高）［　　］

ア　小学校時代の思い出の品はなかなか捨てられない。

イ　アルバムを見ていたら、幼いころのことが思い出された。

ウ　正面玄関の壁の大きなレリーフはどなたが造られたのですか。

エ　大きな紙に描かれた世界地図を、先生は黒板に張った。

3　**【「そうだ」の区別】次の文の――線部と同じ意味・用法のものを、あとのア〜エから選びなさい。**（10点）（栃木）

彼女はとても悲しそうだ。［　　］

ア　台風の影響で、激しい雨が降るそうだ。

イ　今度の試合では、僕たちが勝てそうだ。

ウ　飛行機の到着は、一時間遅れるそうだ。

エ　ノルウェーの冬は、かなり寒いそうだ。

4　**【「ようだ」の区別】次の文の――線部「ような」と同じ意味・用法のものを、あとのア〜エから選びなさい。**（15点）（岡山）［　　］

日本は石油や鉄鉱石のような天然資源に乏しい。

ア　東京のような大都市には多くの人が集まってくる。

イ　序盤で大きくリードしたので、勝ったようなものだ。

ウ　指先から背筋に向かって電気のようなものが走った。

エ　彼はもう二度とこの場所には来ないような気がする。

5　**【「せる」「させる」】文法上、言葉の使い方が適切でないものを、次のア〜エから選びなさい。**（15点）（堀越高―改）［　　］

ア　金魚にえさを食べさせる。

イ　映画をたくさん見させる。

ウ　暗いところで本を読まさないほうがいい。

エ　弟に水を持って来させる。

確認しよう！

◎「ようだ」の区別

●「例えば」を補えれば、例示である。

●「まるで」を補えれば、たとえ（比喩・比況）である。

●「おそらく」を補えれば、推定である。

第7日

活用しない付属語

[　　月　　日]

ここをおさえる!
①意味・用法を区別させる問題が多く出題されます。
②「の」「で」の出題が頻出です。
③助詞の種類をしっかりと見分けられるようにしよう。

解答→別冊8ページ

試験によく出るポイント

1 助詞の性質を理解しよう

(1) 付属語で、活用[①　　　　]。

(2) 用言・体言など、自立語について、語と語の関係を示したり、いろいろな細かい意味を添えたりする。

2 四種類の助詞を区別しよう

(1) 主として体言について、その文節と他の文節とがどんな関係にあるかを表す。——[②　　　　]助詞

(2) 活用語に接続し、上の文節と下の文節をつなぎ、その関係を示す。——[③　　　　]助詞

(3) いろいろな単語について、その語に意味を添える。——副助詞

(4) 文末について、話し手や書き手の気持ちを表す。——[④　　　　]助詞

(5) 助詞の種類分けで、紛らわしいのは、「ぼくが田中だ。」(格助詞「が」)と、「ぼくは田中だ。」(他と区別する副助詞「は」)の区別である。

3 助詞の意味を覚えよう

◆格助詞の場合

(1) 風が吹く。(主語)　国語が好きだ。([⑤　　　　])

チェックテスト

1 次の——線部の単語のうち、助詞の記号を答えなさい。

(1) これは(ア)ぼくの机だ(イ)。[　　]

(2) 先生が(ア)宿題を出される(イ)。[　　]

(3) 製菓会社の(ア)見学に行った(イ)。[　　]

(4) ペンで(ア)書きなさいよ(イ)。[　　]

2 次の——線部の助詞の種類を答えなさい。

(1) ぼくが田中だ。[　　]

(2) くじらはほ乳類だ。[　　]

(2) 庭で遊ぶ。（場所）　電車で行く。（手段・材料）　風邪《かぜ》で休む。（⑥　　）

(3) 父と行く。（相手）　山と海。（並立）　学者となる。（結果）

「おはよう。」と言った。（引用）

(4) ぼくの机。（連体修飾語）　彼の書いた小説。（⑦　　）

読むのが好きだ。（体言の代用・準体助詞）

映画だのテニスだのと出かけていく。（⑧　　）

◆**接続助詞**の場合

(1) 歩きながら話す。（動作の並行）　知っていながら、知らん顔をする。（逆接）

(2) 雨が降ったので、遠足には行かなかった。（原因）

(3) 熱があるのに登校した。（⑨　　）

◆**副助詞**の場合

(1) ぼくには、読めない。（特に取り出して強調）

(2) 国語も得意だ。（他を類推させる）　三時間も続く。（⑩　　）

◆**終助詞**の場合

(1) これは何ですか。（疑問）　なんと、よい天気であることか。（⑪　　）

どうして守ることができようか。（⑫　　）

(2) 神よ、われを守りたまえ。（⑬　　）　早く行ってよ。（依頼）

(3) さくの中に、立ち入るな。（禁止）

(3) 弟と遊んだ。［　　］

(4) 行くとわかる。［　　］

(5) 富士山が見えた。［　　］

(6) 苦しいが、がんばる。［　　］

(7) ぼくの本だ。［　　］

(8) どうしても行くの。［　　］

3 **次の――線部のうち、助詞のほうに○をつけなさい。**

(1) ア 雨だが、遠足に行く。
イ 雨だ。が、遠足に行く。

(2) ア 芝生に、はいるな。
イ 大きな声だ。

(3) ア おだやかに話す。
イ 弟に本を渡した。

第7日 入試実戦テスト

時間 30分
合格 80点
得点 ／100
［　月　日］

重要
1 【「の」の区別】**次の文の――線部「の」と同じ意味・用法のものを、あとのア～エから選びなさい。**（10点）〔岩手〕

ずっと土の下に閉じこめられてて、…

ア さっきのと同じ、…
イ 保存のよい葉が七つ
ウ それらの合間に、…
エ どうしたの、風見君

［　　］

重要
2 【「に」の区別】**次の文の――線部「に」と同じ意味・用法のものを、あとのア～エから選びなさい。**（12点）〔神奈川〕

今日はいつもより早く学校に向かった。

ア 彼女はうれしそうに笑った。
イ 宿題はすでに終わっている。
ウ 花壇の花がきれいに咲いた。
エ 転校した友人に手紙を書く。

［　　］

重要
3 【「で」の区別】**次の文の――線部「で」と同じ意味・用法のものを、あとのア～エから選びなさい。**（12点）〔高知〕

解答↓別冊9ページ

案内された部屋は静かで広かった。

ア 遠足は雨で中止された。
イ 用紙はボールペンで記入する。
ウ あの人は親切で優しい人だ。
エ 映画は三時で終わると聞いた。

［　　］

4 【「ながら」の区別】**次の文の――線部「ながら」と同じ意味・用法のものを、あとのア～エから選びなさい。**（12点）〔秋田〕

世界を理解しながらコミュニケーションを行う…

ア 見ていながら何もしない。
イ 生まれながらに権利を持つ。
ウ いつもながらのことだ。
エ 歩きながら友人と語り合う。

［　　］

5 【「から」の区別】次の文の――線部「から」と同じ意味・用法のものを、あとのア～エから選びなさい。(12点)
〔多摩大目黒高〕［　　］

見通しの甘さから失敗する。

ア パンは小麦から作る。
イ 今日から新学期だ。
ウ 疲労から欠席する。
エ 暑いから帽子が必要だ。

6 【「より」の区別】次の文の――線部「より」と同じ意味・用法のものを、あとのア～エから選びなさい。(12点)
〔神奈川〕［　　］

去年の夏より今年の夏のほうが暑かった。

ア 腕によりをかけて料理を作った。
イ 南よりの風が吹くと予想されていた。
ウ 暖炉のそばの柱によりかかった。
エ 実際に試すと思ったより簡単だった。

7 【「が」の区別】次の文の――線部「が」のうち、一つだけほかの三つと異なるはたらきをしているものを、次のア～エから選びなさい。(10点)〔大阪〕［　　］

ア 歌の完成度が低いということだろうか。
イ はっとさせられることが多い。
ウ あなたのことが好きです。
エ それが恋の歌の生まれる第一歩。

記述
8 【「さえ」の区別】次の文の――線部「さえ」と同じ意味・用法の「さえ」を使って、主語・述語のある短文を作りなさい。ただし、「線路」と「越える」の二語は使わないこと。(10点)〔兵庫〕

線路さえ越えてしまえば海はすぐ近くだ。

［　　　　　　　　　　］

重要
9 【「と」の区別】次の文の――線部「と」と同じ意味・用法のものを、あとのア～エから選びなさい。(10点)［　　］

それを外部に行為としてあらわすと、言うまでもなく犯罪になる。

ア 危険な状態だと思う。
イ 無理をすると病気になる。
ウ 医師と相談をする。
エ きっと健康になる。

確認しよう！
①「の」を「が」に置き換えることができれば主語。
②格助詞は十語しかないので暗記すること。
「を・に・が・と・より・で・から・の・へ・や」

第8日

紛らわしい品詞・用法の識別①

ここをおさえる!

①助動詞を中心に「ない」の品詞・用法識別は頻出。
②「で」「だ」「な」「に」は形容動詞かどうかを考えよう。
③置き換えや補う言葉で、意味・用法を見分けよう。

［　月　日］

試験によく出るポイント

1 紛らわしい品詞を誤りなく区別しよう

◆「ない」は、形容詞と助動詞がある。

(1) 今日は行かない。［①　　］……「ない」と「ぬ」が置き換えられる。
(2) 机の上に本がない。［②　　］……「ない」と「ぬ」が置き換えられない。

◆「らしい」は、助動詞と形容詞の一部がある。

(1) 彼は中学生らしい性格の少年だ。［③　　］……「中学生にふさわしい」という性質・状態を表す。
(2) 向こうから来る少年は、背の高さから、どうも中学生らしい。［④　　］……「中学生であるらしい」と推定している。

◆「だ」は、助動詞「そうだ」「ようだ」の一部・助動詞「だ」・形容動詞の活用語尾がある。

(1) 彼は旅行から帰ったそうだ。(伝聞の助動詞「そうだ」の一部)
(2) 女の子の顔色は、まるで雪のようだ。(たとえの助動詞「ようだ」の一部)
(3) きのう、クラブ活動を休んだ。(過去の助動詞「だ」)
(4) あれは、国会議事堂だ。(断定の助動詞「だ」)
(5) その間違いは明らかだ。(形容動詞の活用語尾)

◆「ある」は、動詞と連体詞がある。

チェックテスト

解答→別冊10ページ

1 次の——線部「らしい」のうち、助動詞にはア、形容詞の一部にはイを書きなさい。

(1) 今日は一日、春らしい陽気だった。［　　］
(2) あたらしい本が店頭に並んでいる。［　　］
(3) あすは、雨らしい。［　　］

2 次の——線部の単語の品詞名を答えなさい。

(1) まったくわからない。［　　］
(2) 何の不満もない。［　　］

(1) 机の上に、鉛筆がある。[⑤　]……述語。
(2) ある日、老人は山へ行った。[⑥　]……「日」にかかる連体修飾語。

◆**「な」は、形容動詞の活用語尾・連体詞の一部・助動詞・終助詞がある。**

(1) 東京はにぎやかな街だ。[⑦　]……「にぎやかだ」とできる。
(2) 大きな猫を飼っている。[⑧　]……「大きだ」とはならない。
(3) もう朝なのに外はまだ暗い。[⑨　]……体言に接続。断定の意味。
(4) 後ろをふりむくな。[⑩　]……文末にくる。禁止の意味。

◆**「で」は、格助詞・接続助詞・形容動詞の活用語尾・助動詞がある。**

(1) 自転車で駅に向かう。[⑪　]……体言につく。
(2) 空を飛んでみたい。[⑫　]……用言の音便につく。
(3) 表面はなめらかである。[⑬　]……「なめらかな」とできる。
(4) 父は技師である。[⑭　]……「技師な」とできない。

◆**「に」は、形容動詞の活用語尾・格助詞・接続助詞「のに」の一部・助動詞「そうだ」「ようだ」の一部・副詞の一部がある。**

(1) きれいに料理を盛り付けた。（形容動詞の活用語尾）……「きれいな」とできる。
(2) 家の前に車が止まっている。（格助詞）……体言につく。
(3) 兄弟なのに仲が悪い。（接続助詞「のに」の一部）……「用言・助動詞の連体形＋のに」で逆接の意味を表す。（「な」は断定の助動詞「だ」の連体形）
(4) 彼女はうれしそうに笑った。（助動詞「そうだ」の一部）
(5) 見込みは大いにある。（副詞の一部）……「大いだ」とはならない。

(3) ある晩のことでした。[　　]
(4) わが輩は猫である。[　　]
(5) 今日は休日なのに早起きをした。[　　]
(6) ここでは決して走るな。[　　]

3 **次の――線部「だ」のうち、助動詞にはア、形容動詞の活用語尾にはイを書きなさい。**

(1) 話は済んだ。[　　]
(2) さあ、乾杯だ。[　　]
(3) この絵の具の色は鮮やかだ。[　　]

第8日 入試実戦テスト

〔　月　日〕

時間 30分
合格 80点
得点 /100

解答→別冊10ページ

1【「らしい」の品詞分類】**次の文の――線部「らしい」と同じ意味・用法のものを、あとのア～エから選びなさい。**

ひさしは、眠っているらしい人たちに気を遣って声を立てず、指で父親の膝をつついた。
(15点)〔長崎〕〔　　〕

ア とてもかわいらしい小鳥。
イ どことなく母親似らしい娘。
ウ 何となくわざとらしい態度。
エ いかにも子どもらしいしぐさ。

重要

2【「ない」の品詞分類】**次の文の――線部ア～エの中から、品詞の異なるものを選びなさい。**(15点)〔福井〕〔　　〕

・手の感触だけで後は何もいらアないよな、などと思っている時、ためらいを見せながら話し出した。
・なにか、おもしろくイなくて、ないたよ。
・なぜ自分がそこにいるのか分からウなくて涙が出てきたのだという。
・自分はよりどころのない自信を持ってやってこられたのかもしれエないと思う。

3【品詞分類】**次の文の――線部ア～エの中から、品詞の異なるものを選びなさい。また、その品詞名を漢字で答えなさい。**(10点×2)〔愛媛〕

・人間としてほめられることとほめられアないこととの区別です。
・一般的に悪イいことではないはずです。
・自己の欲望を満たしたときに感じる「快」よりも大ウきいと感じられるからです。
・たいへん強エい感情で、個人的な欲望の達成を抑えるのに十分な働きをします。

記　号〔　　〕
品詞名〔　　〕

重要

4 【品詞分類】**次の文章を読んで、あとの問いに答えなさい。**（20点）（慶應義塾女子高）

風景とは何だろう、人はどのような風景に心を動かされ、それをどのように表現してきたのであろうか、言葉による表現である文学において、自然はどのような意味を持たされているのであろうか、――そのような課題を私に突き付けて、一年のドイツ滞在は終わった。

問 ――線部「持たされているのであろうか」を、例にならって品詞分解し、それぞれの品詞名を答えなさい。ただし、活用のあるものは文中での活用形も答えなさい。

例

名詞	助詞	名詞	助詞	名詞	助動詞（終止形）
これ	は	今年	の	試験問題	です

[　　　　　　　　　　　　]

5 【「に」の品詞分類】**次の文の――線部「に」と同じ意味・用法のものを、あとのア〜エから選びなさい。**（15点）（埼玉）　[　　]

読みかけの本にしおりをはさんでおく。

ア 二月の半ばなのに暖かな陽気が続く。

イ 自分の部屋を片づけ、きれいにする。

ウ 新しい建物のイメージを設計図に示す。

エ 先輩がしてきたように後輩を指導する。

6 【「よう」の品詞分類】**次のA〜Cの――線部「よう」の文法的説明として最も適切なものを、あとのア〜カから選びなさい。**（5点×3）（共立女子第二高—改）

A まいはリラックスしようと思った。

B 自分でコントロールできるようにならなければいけない。

C 「そいじゃ、おまえとよう似たもん同士じゃの」

A[　　] B[　　] C[　　]

ア 名詞　**イ** 動詞　**ウ** 副詞

エ 形容動詞　**オ** 助動詞　**カ** 助動詞の一部

確認しよう！

◎「らしい」の見分け方

- 「どうやら」を補えれば、推定の助動詞。
- 「（の）ようだ」に置き換えられれば、形容詞の一部。

第9日

紛らわしい品詞・用法の識別②

[　月　日]

ここをおさえる!
①分類で迷ったら活用語は終止形に直してみよう。
②助詞・助動詞の意味・用法を区別させる問題が多く出題されます。

試験によく出るポイント

❶ はたらきや意味に注意して、品詞を誤りなく区別しよう

◆「小さい」「大きい」は**形容詞**、「小さな」「大きな」は**連体詞**。

(1) 小さい子犬が走る。　広く大きい空。(形容詞)……終止形が「い」で終わる。

(2) 赤ちゃんの小さな手を握る。　将来に大きな夢を抱く。(連体詞)

◆「よく」は、**形容詞**と**副詞**がある。

(1) 文法の成績がよくなる。[①　　]……「よい」の連用形。

(2) 彼のことをよく知っている。[②　　]……「十分に」「うまく」の意味。

◆**転成名詞**に注意しよう。

➡ 動詞・形容詞・形容動詞は、「〜さ」「〜み」などの接尾語をつけたり、形を変えたりなどして名詞をつくることができる。

新聞を読み、お茶を飲む。(動詞)　読みが甘い。(「甘い」の主語となる名詞)

深い(形容詞)→深さ・[③　　](名詞)

◆**補助用言**に注意しよう。

➡ 本来の意味が薄まり、他の語と一緒に用いられている語。「〜みる」「〜いる」などの**補助動詞**、「〜ない」「〜ほしい」などの**補助形容詞**がある。

(1) 私はその事実を知っている。[④　　]……本来の意味が薄まっている。

(2) 友人には妹が二人いる。(動詞)……「存在する」という本来の意味。

チェックテスト

解答→別冊11ページ

1 次の――線部の品詞名を答えなさい。

(1) 遠くがよく見える。[　　]

(2) 大きな声で話す。[　　]

(3) 静かな湖。[　　]

(4) たいした度胸だ。[　　]

(5) 寒さに強い生き物。[　　]

(6) 高みを目指す。[　　]

(7) 家に帰り、手を洗う。[　　]

❷ 助動詞や助詞の意味・用法の違いを誤りなく区別しよう

◆**助動詞「た」は過去・完了・存続・想起（確認）の意味がある。**

(1) 昨日はとても忙しかった。［⑤　　］……すでに終わったことを表す。
(2) 今ちょうど家に着いた。［⑥　　］……ちょうど動作が終わったことを表す。
(3) 汚れた服を洗濯する。［⑦　　］……ある状態が続いていることを表す。
(4) 明日は誕生日だったね。［⑧　　］……何かを確かめていることを表す。

◆**助動詞「れる」「られる」は受け身・可能・自発・尊敬の意味がある。**

(1) だれかに声をかけられた。［⑨　　］……「～に」という相手がいる。
(2) どんな問題でも答えられる。［⑩　　］……「できる」の意味。
(3) 昔のことが思い出される。［⑪　　］……「自然と～する」の意味。
(4) 先生が挨拶をされる。［⑫　　］……動作主に敬う人がくる。

◆**助詞「ばかり」は限定・程度・完了・そうなる寸前の意味がある。**

(1) 彼女は怠けてばかりいる。［⑬　　］……「～のみ」と言い換えられる。
(2) リンゴを三つばかり食べる。［⑭　　］……「～くらい」と言い換えられる。
(3) いま知ったばかりだ。［⑮　　］……動作が終わって間がないことを表す。
(4) 赤ん坊は泣かんばかりだ。［⑯　　］……その状態にまさになりそうである。

◆**助詞「の」は連体修飾語・主語・体言の代用（準体助詞）の区別が特に重要。**

(1) 彼の趣味。［⑰　　］……体言を修飾している。
(2) 弟の言ったこと。［⑱　　］……「～が」と言い換えられる。
(3) そのノートは私のです。［⑲　　］……「～のもの」と言い換えられる。

2 **次の――線部の意味・用法として最も適切なものをあとから選び、記号を書きなさい。**

(1) 昨年の旅は楽しかった。［　　］
ア 過去　**イ** 完了　**ウ** 存続　**エ** 想起（確認）

(2) 先生が話される。［　　］
ア 受け身　**イ** 可能　**ウ** 自発　**エ** 尊敬

(3) 彼は笑ってばかりいる。［　　］
ア 限定　**イ** 程度　**ウ** 完了　**エ** そうなる寸前

(4) 母の記した日記。［　　］
ア 連体修飾語　**イ** 主語　**ウ** 体言の代用

第9日

入試実戦テスト

時間 30分
合格 80点
得点 ／100
［　月　日］

解答→別冊11ページ

1【紛らわしい用法の区別】**次の各問いに答えなさい。**（10点×5）

(1) 「近接した情報」の「た」と同じ意味・用法のものを、次の**ア**～**オ**から選びなさい。〔福島〕［　　］

ア 去年に比べて今年の夏は暑かった。
イ 知りたいと思ったらすぐに調べる。
ウ 急いで行ったが間に合わなかった。
エ 明日は十時に出発の予定だったね。
オ 待合室の壁に掛かった絵を眺める。

重要
(2) 「歴史上の偉人たち」の「の」と文法的に同じ用法のものを、次の**ア**～**エ**から選びなさい。〔鹿児島〕［　　］

ア 私の書いた作文はこれだ。
イ この絵は美しい。
ウ あれは僕の制服だ。
エ その鉛筆は妹のだ。

(3) 「映画化されて話題というような作品ばかりが注目を浴びてよく読まれ」の「ばかり」と同じ意味で使われているものを、次の**ア**～**エ**から選びなさい。〔富山〕［　　］

ア 走りだ
さんばかりに喜ぶ。
イ あれから三年ばかりたつ。
ウ 見えるのは波ばかりだ。
エ さっき着いたばかりだ。

重要
(4) 「使うという行為の意義が問われてきました」の「れ」と同じ意味で使われている助動詞を含む一文を、次の**ア**～**エ**から選びなさい。〔大阪〕［　　］

ア 私ならこの壁を越えられる。
イ 道に捨てられているごみを拾う。
ウ 先生は何時に出発されますか。
エ 昔のことが自然と思い出された。

(5) 「出かける前に書き置きを残しておく」の＝＝線部「おく」と文法上異なる用法の動詞を、次の**ア**～**エ**から選びなさい。〔春日部共栄高―改〕［　　］

ア 突然僕に話しかけてくるものだから、びっくりした。
イ ぼんやりしていて、まったく話を聞いていなかった。

ウ　申し訳ないが、そこに置いてある本を取ってほしい。
エ　長時間の勉強で疲れたので、少しだけテレビをみる。

2　【紛らわしい品詞の区別】　**次の各問いに答えなさい。**　（10点×5）

重要　(1)　次の各文の――を付けた語のうち、「誰もが安全に暮らせるまちづくりを推進する。」の「安全に」と品詞が同じ語を、次の**ア**～**エ**から選びなさい。（都立産業技術高専'20）　［　　］

ア　食後はいつも眠くなる。
イ　彼の様子が少し変だった。
ウ　急がずにゆっくり歩いていこう。
エ　祖父の言葉に大きな影響を受けた。

(2)　――線部の語の中から、一つだけ意味・用法が異なるものを、次の**ア**～**ウ**から選びなさい。（法政大学第二高）　［　　］

ア　読みたい本がたくさんある。
イ　練習して更に技術を得たい。
ウ　彼のような逸材は得がたい。

(3)　「しばらく考える必要があります」の「しばらく」と同じ品詞の語を、次の**ア**～**エ**から選びなさい。（福岡）　［　　］

ア　授業で制作した作品を大切に飾った。
イ　美しく咲く庭の花が目に入った。
ウ　彼は公園を歩く老夫婦に挨拶をした。
エ　自分の考えをはっきり主張した。

(4)　「『故郷』に対する思いは、家族や故郷などから切り離された喪失感の裏返しであり」の「裏返し」と同じ品詞の語を、次の**ア**～**エ**から選びなさい。（福岡）　［　　］

ア　力試しに問題を解いてみた。
イ　使った机を元の位置に戻し下校した。
ウ　もしもし、田中さんですか。
エ　少しお待ちくださいと言われた。

(5)　「好きな人」の「好きな」と品詞が異なる言葉を、次の**ア**～**エ**から選びなさい。（茨城）　［　　］

ア　立派な家を建てる。　**イ**　おかしな話をする。
ウ　はるかな時を思う。　**エ**　大切な人と会う。

確認しよう！

◎品詞の見分け方
- 活用するか、しないか。
- 活用するものは、終止形に直す。

第10日 敬語

［　月　日］

ここをおさえる!

①尊敬語と謙譲語の使い分けができるようにしよう。
②特別な敬語表現は暗記しよう。
③正しい敬語表現の使い方に気をつけよう。

試験によく出るポイント

❶ 敬語の種類を知ろう

(1) 相手や話題の人、またそれらの人の動作を敬う場合に用いる。…［①　　］
(2) 自分の動作につけて、へりくだる場合に用いる。…［②　　］
(3) 話す相手に対して、言葉遣いを丁寧にする場合に用いる。…［③　　］

❷ それぞれの種類に合った敬語表現を覚えよう

(1) 敬語を表にすると、次のようになる。

動詞	尊敬語	謙譲語	丁寧語
食べる	［④　　］	いただく	食べます
見る	ごらんになる	［⑤　　］	見ます
行く	いらっしゃる	まいる・うかがう	［⑥　　］
言う	おっしゃる	［⑦　　］	言います

(2) 尊敬の助動詞「れる」「られる」
先生が書かれた本を読んだ。お客様が来られる。
(3) 尊敬の接頭語・接尾語…貴社・山田様・妹さん
(4) 謙譲の接頭語・接尾語…拙文・弊社・わたくしども
(5) 接頭語「お」「ご」…ふつう体言につくが、形容詞・形容動詞にもつけられる。
尊敬…お住まい・お母様・ご両親・お美しい・［⑧　　］立派だ

チェックテスト

解答→別冊12ページ

1 次の――線部の敬語の種類を、あとから選びなさい。

(1) また明日になさいますか。［　　］
(2) ぜひ拝見させてください。［　　］
(3) おいしくいただきました。［　　］
(4) 右手をご覧ください。［　　］
(5) ただいま回線が混み合っています。［　　］
(6) この次にお話しします。［　　］
(7) いまもどられたのですか。［　　］

ア 尊敬語　**イ** 謙譲語　**ウ** 丁寧語

謙譲…お恥ずかしいことです・［⑨　　］見苦しいところを失礼いたします

丁寧…お茶・［⑩　　］値段・ご馳走

(6) 敬意を表す補助動詞

尊敬…立っていらっしゃる・読んでくださる

謙譲…立っていただく・読んでさしあげる

丁寧…そうでございます

(7) 注意すべき形

「お(ご)――になる」…尊敬表現　例 ご自分で荷物をお持ちになりますか。

「お(ご)――する」…謙譲表現　例 わたしが荷物をお持ちします。

(8) 丁寧の意味を含む動詞…ございます(ある)。

(9) 丁寧の意味を表す助動詞「です」「ます」…それは私です。もう終わります。

❸ 敬語の使い方に注意しよう

(1) 身内でない人と話すときに、自分や身内の人を敬う尊敬語や謙譲語を使わない。

×「本日、お父さんは一日中、在宅していらっしゃいます。」

○「本日、父は一日中、在宅しています（在宅しております）。」

(2) 敬語を必要以上に重ねるのは、一般に正しい使い方とはされない。

× 校長先生が全校生徒の前でお話しになられる。（「お――になる」と尊敬の助動詞「れる」を重ねて用いる二重敬語は、避けるのが望ましい）

○ 校長先生が全校生徒の前でお話しになる。

(3) 外来語にはふつう接頭語の「お」「ご」はつけない。×おトイレ → ○お手洗い

2 **次の――線部を、適切な敬語表現に改めなさい。**

(1) 明日、お宅を訪ねていいですか。［　　］

(2) 妹さんからもらいました。［　　］

(3) いま何と言いましたか。［　　］

(4) 私は自宅にいる。［　　］

(5) 先生が昼食を食べる。［　　］

(6) お宅を見る。［　　］

3 **次の――線部の敬語の使い方について、正しいものには○、誤っているものには×をつけなさい。**

(1) 先生が私の家にいらっしゃった。［　　］

(2) この本は兄にお渡ししておきます。［　　］

第10日 入試実戦テスト

時間 30分
合格 80点
得点 /100
[月 日]

解答↓別冊12ページ

重要
1 【敬語の使い方】 **次の会話は、中学生のAさんが近くにある図書館に電話をして、学習室の利用予約をしたときのやりとりの一部です。敬語の使い方が適切でないものを、会話文中のア〜エから選びなさい。** (15点)〔神奈川〕

[ ]

Aさん 「学習室の予約状況についてお聞きしたい(ア)のですが、今週の土曜日は空いていますか。」
受付係 「九時から十一時までなら空いていますが、予約なさいますか(イ)。」
Aさん 「はい、予約します。当日、何かお持ちにな(ウ)るものはありませんか。」
受付係 「備えつけのスリッパが少ないので、できれば上履きを持ってきてください。」
Aさん 「わかりました。では、九時にうかがいます(エ)ので、よろしくお願いします。」
受付係 「お待ちしています。気をつけておいでください。」

2 【敬語表現】 **次の文章は、一緒に登山をした年上の人に書いた手紙の一部分です。――線部①・②を、それぞれ適切な敬語表現に直して書きなさい。** (5点×2)〔新潟〕

先日は大変お世話になり、ありがとうございました。山登りに慣れていないので、つらい思いもしましたが、登り切った時の気持ちは何ものにも代え難いものでした。山の上で、あなたから①もらったオレンジの味が忘れられません。

またいつか、山のお話をいろいろと②聞きたいと思います。

①[ ] ②[ ]

3 【敬語の使い方】 **次の文章は、文房具店で職場体験学習をする山本さんが、打ち合わせのための電話をかけるにあたって書いた原稿の一部です。――線部ア〜オには、改善しなければならないものが二つあります。その記号を答え、それぞれ適切な表現に改めなさい。** (15点×2)〔奈良—改〕

「もしもし、田中文房具店でしょうか。私は、来週、職場体験学習を**ア**させていただく、奈良中学校の山本と**イ**おっしゃいます。よろしく**ウ**お願いいたします。このことについて、明日、打ち合わせにうかがいたいと**エ**思うのだが、**オ**ご都合はいかがでしょうか。」

［　・　］［　・　］

4【敬語の使い方】**会社での外部からの電話の対応について、次の――線部ア～エの表現のうち、適切でないものを選びなさい。**（15点）〔兵庫〕［　　］

「申し訳ございません。**ア**課長の山田は、**イ**あいにく外出しております。折り返し、**ウ**お電話を差し上げるよう伝えますので、恐れ入りますが、**エ**お電話番号をちょうだいできますか。」

5【敬語の使い方】**――線部分の敬語の使い方として最も適切なものを、次のア～エから選びなさい。**（15点）〔新潟〕［　　］

ア 姉が描いた絵を拝見してください。

イ あなたが私に申したことが重要です。

ウ 私が資料を受け取りにまいります。

エ 兄は先に料理を召し上がりました。

重要

6【敬語】**次の会話文は、先生と生徒との教室での会話の一部です。会話文中の□にあてはまる最も適切なものを、あとのア～エから選びなさい。**（15点）〔高知〕［　　］

先生「家庭訪問に都合のよい日をお母さんに聞いてくれましたか。」

生徒「はい。□」

先生「わかりました。では、火曜日にしましょう。」

ア 火曜日に来てくださいと母がおっしゃいました。

イ 火曜日においでくださいと母が申しました。

ウ 火曜日にうかがってくださいと母が言いました。

エ 火曜日に訪問してくださいと母がお言いになりました。

確認しよう！

◎敬語に関する問題では、動作主がだれであるかに注意する。

- 動作主が自分以外や目上の人…尊敬語
- 動作主が自分や自分の身内…謙譲語

総仕上げテスト

時間 40分
合格 80点
得点 /100

〔　月　日〕

解答→別冊13ページ

1 次の文中の――線部と══線部の関係として最も適切なものを、あとのア〜エから選びなさい。(4点)〔新潟〕

川沿いをゆっくり歩く。

ア 主・述の関係　イ 修飾・被修飾の関係
ウ 並立の関係　エ 補助の関係

〔　　〕

2 「どうしようもないものかもしれない」の「ものかもしれない」を例にならって品詞に分け、その品詞名を答えなさい。(6点)〔大阪教育大附高(平野)〕

例 家｜に｜いる
　名詞｜助詞｜動詞

〔 も の か も し れ な い 〕

3 次の文を単語で区切った場合、正しく区切ってあるものはどれか。あとのア〜エから選びなさい。(4点)〔島根〕

私は泣きながら本を読んだ。

ア 私は｜泣きながら｜本を｜読んだ。
イ 私は｜泣き｜ながら｜本｜を｜読んだ。
ウ 私｜は｜泣きながら｜本を｜読ん｜だ。
エ 私｜は｜泣き｜ながら｜本｜を｜読ん｜だ。

〔　　〕

4 「もちろん断られるだろう」は、どのような品詞の語で組み立てられているか、用いられている単語の品詞を、次のア〜オからすべて選びなさい。(6点)〔京都〕

ア 動詞　イ 副詞
ウ 連体詞　エ 助動詞
オ 助詞

〔　　〕

5 「有望な人材に活躍してもらうしかない」にある付属語の数を、算用数字で書きなさい。(4点)〔兵庫〕

〔　　〕

6 次の文について、あとの問いに答えなさい。(4点×2)〔鳥取〕

①ある人が発した言葉が、今でも忘れられ②ない。

(1) 次の**ア**～**エ**の――線部のうち、「①ある」と同じ品詞の言葉を選びなさい。 [　　]

ア かなり遠くの街まで行く。
イ 大きな絵を壁に掛ける。
ウ 新しい本が出版される。
エ きれいな星空を眺める。

(2) 「②ない」の品詞を、次の**ア**～**エ**から選びなさい。 [　　]

ア 動詞　**イ** 形容詞
ウ 助詞　**エ** 助動詞

7 **①「しかも」、②「だけ」、③「ありあまる」、④「決定的な」、⑤「もしも」の品詞名をそれぞれ漢字で記しなさい。ただし、助詞の場合は、「□助詞」の形で種類を含めて記すこと。**（3点×5）（ラ・サール高）

① [　　]　② [　　]
③ [　　]　④ [　　]
⑤ [　　]

8 **「まったく臆する様子も見せずに朗読を続ける」の「まったく」は、どの言葉を修飾しているか。次のア～エから選びなさい。**（4点）（岐阜） [　　]

ア 臆する　**イ** 見せずに
ウ 朗読を　**エ** 続ける

9 **次の＝＝線部の動詞と活用の種類が同じものを、あとのア～エの文の――線部から選びなさい。**（4点）（埼玉'21） [　　]

方位磁針が北の方角を指している。

ア 詳細は一つ一つ確認をしてから記入する。
イ 好きな小説の文体をまねて文章を書いた。
ウ 思いのほか大きな声で笑ってしまった。
エ 普段からの努力を信じて本番に臨む。

10 **「表れる」の品詞について説明した次の文の A 、 B にそれぞれ入ることばの組み合わせとして最も適切なものを、あとのア～エから選びなさい。**（6点）（岡山） [　　]

「表れる」は動詞であり、動作の対象を必要と A ので、 B である。

ア A しない　B 自動詞
イ A しない　B 他動詞
ウ A する　B 自動詞
エ A する　B 他動詞

11 **次の文中の――線をつけた「が」と同じ意味で用いられている「が」を含む文を、あとのア〜エから選びなさい。**（4点）〔神奈川〕

新しい電子辞書が欲しい。

ア 彼は足も速いが力も強い。
イ 友達を訪ねたが留守だった。
ウ 授業で我が国の歴史を学ぶ。
エ 先月公開された映画が見たい。

〔　　　〕

12 **次の――線部「だ」と同じ意味（用法）であるものを、ア〜エから選びなさい。**（4点）〔埼玉 '21〕

彼女の趣味は読書だ。ある日、休み時間に話しかけると、彼女は顔を上げ、本にそっとしおりを挟んだ(ア)。和紙で作られた少し大きめのしおりだ(イ)。教室に人は少なく、いつもより静かだ(ウ)。私が、好きな本について話そうと言うと、彼女の表情は少しやわらいだ(エ)。

〔　　　〕

13 **「辞書はよむものではなく、何かを調べるために使うものだ」の「に」と同じはたらきをしているものを、次のア〜エから選びなさい。**（4点）〔青森〕

ア 夏なのに涼しい。
イ 風がさわやかに吹く。
ウ すでに船は出てしまった。
エ 野球の試合を見に行く。

〔　　　〕

14 **「大根をあげようとしているらしい」の「らしい」と同じ用法を含む言葉を、次のア〜オから選びなさい。**（4点）〔高田高〕

ア かわいらしい人形　イ 男らしい性格
ウ 学生らしい服装　エ わざとらしい態度
オ 明日は晴れらしい

〔　　　〕

15 **「哲学にとって悲しむべきことではなかったのではないかと思われます」の「れ」は、次のア〜エのうちの、どの「れ」と同じ使われ方をしているか。同じ使われ方をしているものを選びなさい。**（4点）〔香川〕

ア 校長先生が全校集会で話されます
イ 遠く離れた故郷がしのばれた
ウ 雨に降られて試合は延期になった
エ 友人に紹介されて挨拶をした

〔　　　〕

16 **「大酒を飲むかのように」の「ように」と同じ意味・用法で使われているものを、次のア〜エから選びなさい。**（4点）〔早稲田摂陵高〕

〔　　　〕

ア 山の向こうは天気がいいように見える。
イ それは宝石のように美しく輝いている。
ウ あなたも彼女のように勉強をしなさい。
エ この書籍は以前にも読んだように思う。

17 **中学生の太郎さんは、「総合的な学習の時間」で、大分県の方言について調査している。太郎さんは、母校のM小学校の花田先生に方言に関する資料を送ってもらうため、依頼の手紙を出すことにした。太郎さんが書いた【手紙の下書き】を読んで、あとの問いに答えなさい。**（5点×3）〔大分〕

【手紙の下書き】

拝啓

　空もようやく秋色を帯びてまいりました。花田先生におかれましては、いかがお過ごしでしょうか。私は充実した中学校生活を送っています。

　さて、私は今、「総合的な学習の時間」で大分県の方言について調べています。このテーマにした理由は、小学生の時に、花田先生が方言について話してくださり、とても面白いと思ったことが理由です。その後、調査を進めていく中で、先生が大分県南部の方言について資料を作成されていることを知りました。なので(X)、突然の依頼で申し訳ありませんが、調査の参考にするために、その資料を一部送っていただけないでしょうか。後日、こちらからお電話いたしますので、ご検討ください。

　季節の変わり目です。お体を大切にいたしてください(Y)。

早々

令和元年九月二十七日

鈴木　太郎

花田洋一郎先生

(1) 太郎さんは、【手紙の下書き】に主語と述語の対応が適切でない一文があることに気づいた。その一文の初めの三字を書きなさい。

(2) ——線Xの語の使い方が適切でないと考えた太郎さんは、他の接続語を用いることにした。ここで用いる語として最も適切なものを、次のア～エから選びなさい。〔　　〕

ア また　　イ では
ウ そこで　　エ つまり

(3) ——線Yの敬語の使い方が適切でないと友達から指摘された太郎さんは、次の文のように書きなおすことにした。□にあてはまる言葉として最も適当なものを、ひらがな四字で書きなさい。

お体を大切に□ください。

試験における実戦的な攻略ポイント5つ

①問題文をよく読もう！

問題文をよく読み，意味の取り違えや読み間違いがないように注意しよう。
選択肢問題や計算問題，記述式問題など，解答の仕方もあわせて確認しよう。

②解ける問題を確実に得点に結びつけよう！

解ける問題は必ずある。試験が始まったらまず問題全体に目を通し，自分の解けそうな問題から手をつけるようにしよう。
くれぐれも簡単な問題をやり残ししないように。

③答えは丁寧な字ではっきり書こう！

答えは，誰が読んでもわかる字で，はっきりと丁寧に書こう。
せっかく解けた問題が誤りと判定されることのないように注意しよう。

④時間配分に注意しよう！

手が止まってしまった場合，あらかじめどのくらい時間をかけるべきかを決めておこう。

解けない問題にこだわりすぎて時間が足りなくなってしまわないように。

⑤答案は必ず見直そう！

できたと思った問題でも，誤字脱字，計算間違いなどをしているかもしれない。ケアレスミスで失点しないためにも，必ず見直しをしよう。

受験日の前日と当日の心がまえ

前日

- 前日まで根を詰めて勉強することは避け，暗記したものを確認する程度にとどめておこう。
- 夕食の前には，試験に必要なものをカバンに入れ，準備を終わらせておこう。
また，試験会場への行き方なども，前日のうちに確認しておこう。
- 夜は早めに寝るようにし，十分な睡眠をとるようにしよう。もし翌日の試験のことで緊張して眠れなくても，遅くまでスマートフォンなどを見ず，目を閉じて心身を休めることに努めよう。

当日

- 朝食はいつも通りにとり，食べ過ぎないように注意しよう。
- 再度持ち物を確認し，時間にゆとりをもって試験会場へ向かおう。
- 試験会場に着いたら早めに教室に行き，自分の席を確認しよう。また，トイレの場所も確認しておこう。
- 試験開始が近づき緊張してきたときなどは，目を閉じ，ゆっくり深呼吸しよう。

解答・解説

高校入試 10日でできる 国文法

第1日 文の組み立て

▼4～5ページ

試験によく出るポイント

①文節 ②主語 ③述語 ④修飾語 ⑤連体 ⑥連用
⑦主語・述語（主・述） ⑧修飾・被修飾 ⑨補助
⑩主部 ⑪修飾部

チェックテスト

1 (1) C (2) B (3) A
2 (1) 体言 (2) 用言
3 (1) 並立（対等）の関係 (2) 補助の関係
4 入れたが
5 4

▼6～7ページ

入試実戦テスト

1 (1) 歩く｜人が｜多く｜なれば｜それが｜道に｜なるのだ。
(2) そんな｜考えを｜持ったのは｜初めてで｜あった。
(3) 遠方から｜来たと｜いう｜わけでも｜ないだろう。
2 (1) どんな細胞でも (2) 自然は
3 (1) ないだろう (2) 映える (3) 貼られた
4 (1) ア (2) ア (3) イ
5 (1) イ (2) エ

入試実戦テストの解説

1 「ネ」「サ」「ヨ」を入れて、自然に読むことができる所が文節の切れ目である。

2 (1)主語は「何が（は）」「だれが（は）」にあたる部分である。『動的平衡』状態にある」ものは何かをさがす。「～でも」の形でも主語になることに注意しよう。
(2)何が（だれが）「育て上げた」のかをさがす。主語と述語は、必ずしも近くにあるとは限らないので気をつけよう。

3 先に各文を文節に分けておくこと。次に、修飾語と被修飾語は、直接つなげると意味が通ることを念頭に置いてさがす。
(1)文節に分けると、「一年後、｜自分たちは｜もう、｜歓声を｜あげて｜海へ｜飛び込む｜ことも｜屈託なく｜騒ぎ合う｜ことも｜ないだろう。」となり、「もう」→「ないだろう」とつなげると意味が通じる。

ひっぱると、はずして使えます。

(2)文節に分けると、「先生に｜そう｜言われて｜見直すと、｜たしかに｜東の｜絵画は｜南の｜絵画と｜比べて｜鮮やかに｜映える。」となり、「たしかに」→「映える」とつなげると意味が通じる。

(3)文節に分けると、「太郎は｜ぺたぺたと｜マンガと｜雑誌の｜告知が｜貼られた｜ガラスの｜自動ドアを｜通って｜本屋に｜入った。」となり、「ぺたぺたと」→「貼られた」とつなげると意味が通じる。

4 **3**と同様に、修飾語と被修飾語で意味が通るか確認すること。

(1)「いかなる」→「困難にも」となり、意味が通じる。

(2)「どこかの」→「だれかを」となり、意味が通じる。

(3)「いっそう」→「遠ざける」となり、意味が通じる。

5 (1)「震わせる」が「音楽は」を修飾しているので、修飾・被修飾の関係。

(2)「危うく」が「なる」に対して「どのように」なるのかということを表し、修飾しているので、修飾・被修飾の関係。

ミス注意！

2 主語・述語・修飾語の問題は、特別な指示のない場合は、**一文節で答えること**。ただし、**補助用言**（**補助動詞・補助形容詞**）は、直接的な意味をもたないので、連文節として扱う。

例 私は廊下を歩いていた。（文節数は「歩いて」「いた」で二文節。連文節「歩いていた」で述部になる。）

例 私の絵を見てほしい。（文節数は「見て」「ほしい」で二文節。連文節「見てほしい」で述部になる。）

第2日 活用しない自立語 ①

▼8～9ページ

試験によく出るポイント

①自立語 ②主語 ③固有 ④形式 ⑤あれ ⑥そこ ⑦どちら ⑧連体 ⑨あの ⑩名詞

チェックテスト

1 (1)雲・普通名詞 (2)本・普通名詞／一冊・数詞 (3)山・普通名詞／富士山・固有名詞

2 (1)こと (2)ほう

3 (1)小さな (2)いわゆる (3)ある

4 (1)名詞 (2)連体詞 (3)連体詞 (4)形容動詞

▼10～11ページ

入試実戦テスト

1 (1)イ (2)ウ (3)ウ

2 (1)例 おだやかな春の日に音もなく散ってゆく桜の花の美しさ。（26字）

(2)例 ある生物が絶滅しても、人間の生活には関係がなく困らない（という発想。）（27字）

(3)ⓐ世界観 ⓑものの感じ方、考え方 ⓒ例 私たちの「生きる意味」の世界に豊かさ（18字）

入試実戦テストの解説

1 (1)**ア**「どんどん」は「進む」を修飾する副詞、**イ**「とある」は「町の」を修飾する連体詞、**ウ**「いっせいに」は「スタートする」を修飾する副詞、**エ**「ずいぶん」は「経った」を修飾する副詞。
(2)「どこ」は、場所を表す指示代名詞である。
(3)**ア**「悪い」は形容詞、**イ**「重要な」は形容動詞、**ウ**「違い」は名詞、**エ**「考え」は動詞。この中で、活用しないのは名詞である。

2 (1)何を「伝える」と述べているのかを考える。直前の「おだやかな春の日に音もなく散ってゆく桜の花はいかにも美しく」の部分を指しているが、そのままではなく、「〜美しさ。」という形に直す必要がある。
(2)文章の冒頭から――線部直前までの、トキとメダカの二つの例で示された考え方をまとめたものが、「こういう発想」という言葉である。したがって、解答ではトキかメダカのどちらか一方のことだけを取り上げるのではなく、解答例の「ある生物が絶滅しても…」のように、二つの例に共通する内容として自分の言葉でまとめて説明する必要がある。
(3)「その反面」とは、「私たちの『生きる意味』の世界を豊かにする反面」である。これが、ⓒに入る。ⓐ「世界には様々な文化があり、ひとつひとつは固有の世界観を持っている。」という一文の内容と同じ。ⓑ「ひとりひとりが異なるものの感じ方、考え方を持っている」の部分と同じ内容になるようにする。

ミス注意！

2 指示語の指している内容を答える問題では、答えと指示語を入れ換えて、もとの文章と意味が変わっていないかを確認すること。また、(1)「それ」という名詞に合わせて解答の文末を名詞にするなど、**終わりの部分を問われている事がらや問題文の指示に合わせて整える**ことを忘れない。

第3日 活用しない自立語 ②

▼12〜13ページ

試験によく出るポイント

①連用 ②状態 ③程度 ④呼応(叙述・陳述)
⑤ない ⑥でしょう(だろう) ⑦か(かな) ⑧ても
⑨ような ⑩しない(がない) ⑪接続語 ⑫順接
⑬逆接 ⑭説明(補足) ⑮(話題)転換 ⑯呼びかけ
⑰独立語

チェックテスト

1 (1)ない(ぬ) (2)たら (3)だろう(はずだ)
(4)ように

2 (1)ちらちら 舞う (2)こわごわ 近づいた
(3)ひそひそと 話し合った (4)ゆっくり 沈む

3 (1)ところが・けれども・だが
(2)だから・したがって

4 (1)こら (2)ああ

▼14～15ページ

入試実戦テスト

1 (1)**イ**　(2)**ア**　(3)**ウ**
2 **ウ**
3 **ウ・オ**
4 ⓐ**形容詞**　ⓑ**副詞**
5 **ア**
6 **イ**
7 例 **暮らしても**

入試実戦テストの解説

1 (1)空欄の前の「今の自分より少しでもよくなりたいと思う」は、あとの「手術を受ける決心をし、リハビリにも励む」の原因・理由となっているので、順接の接続詞「だから」があてはまる。
(2)空欄の前の段落の最後で「日本には『ネイチャー』を意味する言葉がなかった」と述べたあとに、「日本には『天地《あめつち》』という言葉はあった」として、日本には「ネイチャー」の代わりに「天地」という別の言葉があったという説明を補っている。したがって、説明（補足）の接続詞「ただし」があてはまる。
(3)「科学技術の発達によって公衆の安寧と安全が保たれ」るが、「技術が発達すれば、その分だけ私たちの能力が失われていくことに注意する必要がある」という文章になるので、逆接の接続詞「しかし」があてはまる。

2 「副詞」の性質が説明されているので、文の中から副詞を選ぶ。**ア**は連体詞、**イ**は形容動詞、**エ**は助詞、**オ**は形容詞、**カ**は助動詞である。

3 **ア**「幼い」は形容詞、**イ**「喜び」は名詞、**ウ**「決して」は副詞、**エ**「単なる」は連体詞、**オ**「ずっと」は副詞。

4 副詞は主に用言を修飾する。

5 「うっかり」は「求めては」を修飾するので副詞。**ア**「いわゆる」は体言を修飾するので連体詞。

6 「常に」は副詞である。副詞は用言を修飾する語で活用がないので、**イ**「すぐに」が副詞。**ア**「静かに」、**ウ**「きれいに」、**エ**「すみやかに」はいずれも形容動詞。

7 副詞「たとえ」は、「ても」「でも」「とも」などの言葉と呼応して、「仮にそうなったとしても、結果は変わらない」という意味を表す。したがって、「暮らしても」「暮らしたとしても」「暮らそうとも」などの表現に書き直す。

ミス注意！

1 「**ところが**」（逆接）と「**ところで**」（転換）、「**また**」（並立）と「**または**」（選択）、「**だから**」（順接）と「**なぜなら**」（説明）と「**それから**」（累加）などの混同が多い。

第4日 活用する自立語 ①

▼16～17ページ

試験によく出るポイント

①自立語　②述語　③活用語尾　④五段

⑤カ行変格　⑥サ行変格　⑦未然　⑧仮定　⑨ちれ
⑩え　⑪こ　⑫する　⑬自動詞　⑭下一段　⑮命令

チェックテスト

1 (1)×　(2)○　(3)×　(4)○

2 (1)(カ行)五段活用　(2)(カ行)上一段活用
(3)(ラ行)五段活用　(4)カ行変格活用
(5)(ガ行)下一段活用　(6)(カ行)上一段活用
(7)サ行変格活用

3 (1)未然形　(2)連用形　(3)連体形　(4)連用形
(5)未然形　(6)終止形　(7)仮定形

4 (1)走る　(2)走れる

▼18〜19ページ

入試実戦テスト

1 (1)イ　(2)イ

2 (1)A 抜い　B まみれ　C つい
(2)①(カ行)下一段活用　②連用形
(3)①ウ　②e　③ア
(4)①カ(行)上一段(活用)連体(形)
②サ(行)変格(活用)未然(形)
③ハ(行)下一段(活用)連用(形)

入試実戦テストの解説

1 (1)「たたずむ」はマ行五段活用である。**ア**の「来る」はカ行変格活用。その他は、それぞれ言い切りの形に「ない」をつけて考える。**イ**「降らない」ラ行五段活用、**ウ**「着ない」カ行上一段活用、**エ**「植えない」ア行下一段活用である。

(2)「知れ」は、「て」に接続しているので、ラ行下一段活用「知れる」の連用形である。

2 (1)A「群を抜く」で「多くの中で特にぬきん出ている」ことを表す慣用句。「て」に続くので、連用形にする。ただし、「抜く」は五段活用の動詞なので、「て」に続くときは「抜き（て）」ではなく音便形の「抜い（て）」となる。音便とは、発音しやすいように音が変化することで、五段活用の動詞が「て」や「た」に続くときに起こる。B「土ぼこりに」とのつながりから、「汗やどろなどが一面にくっつく」意味の「まみれる」が入る。「」に続くので、連用形の「まみれ」にする。C「悪態をつく」で「ひどい悪口を言う」という意味。「た」に続くので連用形にするが、「つく」も五段活用の動詞なので、音便形の「つい」になる。

(2)言い切りの形は「心がける」。①「ない」をつけると、「心がけない」となるので、カ行下一段活用。②「て」に続いているので、連用形。

(3)①「ない」をつけるとエ段の音になるので、下一段活用。②・③活用形は下に続く言葉によって判断する。**a**〜**d**は助動詞「た」や助詞「て」「たり」「ながら」に続いているので連用形。**e**は助動詞「られる」に続いているので未然形である。

(4)①言い切りの形は「できる」。「ない」をつけると「できない」となるので、カ行上一段活用。「のは」は「ことは」と置き換えることができ、「こと」が体言なので、連体形。
②言い切りの形は「軽視する」。「する」は、サ行変格活用。サ行変格活用で「さ」となるのは、未然形。

③言い切りの形は「経る」。「ない」をつけると「経《へ》ない」となるので、ハ行下一段活用。助動詞「た」に続くので、連用形。

ミス注意!

1・**2** **活用の種類と活用形を混同しない。**活用の種類は、動詞のあとに「ない」をつなげたとき、「ない」の上が、ア段（**五段活用**）、イ段（**上一段活用**）、エ段（**下一段活用**）になるか、する（**サ行変格活用**）か、来る（**カ行変格活用**）かで五つに分けるもの。活用形は、下に続く言葉によって、**未然形・連用形・終止形・連体形・仮定形・命令形**の六つに分けるものである。

第5日 活用する自立語 ②

▼20～21ページ

試験によく出るポイント

①い ②述語 ③けれ ④暑く ⑤接頭語 ⑥接尾語
⑦だ・です ⑧だろ ⑨名詞 ⑩暖かさ(暖かみ)
⑪細かだ ⑫やわらかだ

チェックテスト

1 (1)新しい (2)高い (3)詳しい
2 (1)親切な (2)鮮やかなら (3)愉快に
3 (1)形容詞・連体形 (2)形容動詞・連体形
(3)形容動詞・連用形 (4)形容詞・連用形

▼22～23ページ

入試実戦テスト

1 (1)ウ (2)ア
2 (1)エ (2)ア
3 (1)エ (2)ウ (3)A 何気ない B 形容 C 形容動

入試実戦テストの解説

1 (1)「楽しく」は「楽しい」という形容詞の連用形。**ア**は「残す」という動詞の未然形、**イ**は「きわめて」という副詞、**ウ**は「多い」という形容詞、**エ**は「格別だ」という形容動詞の連用形。言い切りの形に直して判断する。
(2)**ア**は「出る」という動詞の未然形に助動詞「ない」がついたもの。**イ・ウ・エ**はそれぞれ形容詞。

2 (1)「大きく」は言い切りの形に直すと、「大きい」。「い」で終わり、活用があるので、形容詞。**ア**は「小さな（連体詞）」「花（名詞）」「が（助詞）」「咲く（動詞）」。**イ**は「きれいに（形容動詞）」「机（名詞）」「を（助詞）」「ふく（動詞）」。**ウ**は「文字（名詞）」「を（助詞）」「はっきり（副詞）」「書く（動詞）」。**エ**は「空（名詞）」「が（助詞）」「とても（副詞）」「青かっ（形容詞）」「た（助動詞）」。
(2)**ア**は助動詞「ぬ」に置き換えられるので、**否定（打ち消し）**の助動詞。他は形容詞または補助形容詞。

3 (1)「大変な」は終止形に直すと、「大変だ」。言い切りの形が「だ」で終わり、活用があるので、形容動詞。**ア**は「静かで」、

イは「さわやかな」、**ウ**は「おだやかだ」と形容動詞が含まれている。**エ**の「降り出しそうな」は「降り出し（動詞の連用形）」＋「そうな（助動詞の連体形）」。
(2)形容動詞は、「だろ（未然形）・だっ・で・に（連用形）・だ（終止形）・な（連体形）・なら（仮定形）」と活用する。
(3)C活用に「に」が含まれるのは形容動詞。

ミス注意！

2 (1)「大きく」は、「かろ・かっ・く・い・い・けれ」と活用する形容詞であるが、「小さな」の「な」は、形容詞の活用表になく、はたらき（活用せずに名詞を修飾する）の上から連体詞である。**活用するかどうかによって見分けられる。**

第6日 活用する付属語

▼24～25ページ

試験によく出るポイント

①する(がある) ②受け身 ③可能 ④尊敬 ⑤断定
⑥伝聞 ⑦たとえ(比喩・比況) ⑧推定 ⑨推定
⑩推量 ⑪否定(の)推量(打ち消しの推量) ⑫過去
⑬完了

チェックテスト

1 (1)A (2)C (3)B (4)D
2 (1)ます (2)たい (3)う (4)ようだ
3 (1)ク (2)エ (3)ア (4)イ (5)オ

▼26～27ページ

入試実戦テスト

1 (1)エ (2)ウ (3)エ
2 (1)エ (2)ウ (3)ウ
3 イ
4 ア
5 ウ

入試実戦テストの解説

1 (1)「できない」は「できぬ」と置き換えられるので、否定（打ち消し）の助動詞である。**ア**は形容詞「はかない」の一部、**イ**は補助形容詞、**ウ**は存在の否定を表す形容詞、**エ**は「届かぬ」と置き換えられるので、助動詞。
(2)「ぬ」と置き換えられるので、否定（打ち消し）の助動詞である。**ウ**は形容詞「あどけない」の一部。
(3)**ア**は「食べたく（は）ない」、**イ**は「日曜日で（は）ない」、**ウ**は「おいしく（は）ない」となるので、補助形容詞。**エ**は「動かぬ」と置き換えられるので、助動詞。

2 (1)「得られる」は「得ることができる」という意味なので、可能。**ア**は受け身、**イ**は尊敬、**ウ**は自発。
(2)ここでの「感じられる」は「自然に感じる」という意味なので、自発。「られる」に使役のはたらきはない。
(3)「迷惑をされた」は目上の人（ここでは動作主の「先生」）に

対する敬う気持ちを表した表現なので、尊敬。**ア**は「捨てることができない」という意味になるので、可能（の一部）。**イ**は「自然に思い出される」という意味になるので、自発。**エ**は受け身。描いたのは先生ではないことに注意する。

3 「悲しそうだ」は形容詞の語幹「悲し」に続いているので、様態。様態の「そうだ」は動詞の連用形にも続くので、**イ**が正解。**ア・ウ・エ**はそれぞれ終止形に続いているので、伝聞。

4 「石油や鉄鉱石のような天然資源」の「ような」は、例示。**エ**は推定、**イ**と**ウ**はたとえ（比喩・比況）。「たとえ（比喩・比況）」とは、他の何かにたとえてそのようだという意味を表すこと。「まるで……のようだ」の形で言い表すことができる。

5 使役の助動詞「せる」は、五段活用とサ行変格活用の動詞の未然形に、「させる」は、上一段活用・下一段活用・カ行変格活用の動詞の未然形に接続する。**ウ**「読む」は五段活用の動詞であるので、「読ませない」が正しい表現である。

ミス注意！

1〜**5** 助動詞の用法（意味）の名前は教科書によって異なっているので、頻出のものから優先して覚えよう。「**れる**」「**そうだ**」「**ようだ**」「**だ**」がよく出題されている。**受け身**は、「……に……れる」の形のものをいう。助動詞の意味による分類は次のとおりである。

- れる・られる ― 受け身／可能／自発／尊敬
- せる・させる ― 使役
- たい・たがる ― 希望
- だ・です ― 断定
- らしい ― 推定
- そうだ ― 伝聞／推定（様態）
- う・よう ― 意志／推量／勧誘
- ない・ぬ・ん ― 否定（打ち消し）
- ようだ ― 推定／たとえ（比喩・比況）／例示
- まい ― 否定（打ち消し）の意志／否定（打ち消し）の推量
- た ― 過去／完了／想起（確認）／存続
- ます ― 丁寧

第7日 活用しない付属語

▼28〜29ページ

試験によく出るポイント

①しない（がない） ②格 ③接続 ④終 ⑤対象 ⑥原因（理由） ⑦主語 ⑧並立 ⑨逆接 ⑩強意（強調） ⑪感動 ⑫反語 ⑬呼びかけ

チェックテスト

1 (1)**ア** (2)**ア** (3)**ア** (4)**イ**

2 (1)格助詞 (2)副助詞 (3)格助詞

(4) **接続助詞**　(5) **格助詞**　(6) **接続助詞**　(7) **格助詞**　(8) **終助詞**

3 (1) **ア**　(2) **ア**　(3) **イ**

▼30〜31ページ

入試実戦テスト

1 **ウ**

2 **エ**

3 **ウ**

4 **エ**

5 **ウ**

6 **エ**

7 **ウ**

8 例 **雨さえやめば、明日は遠足に行くことができる。**

9 **イ**

入試実戦テストの解説

1 「土の下」の「の」は、連体修飾語を示す格助詞。**ア**は「のこと（もの）」に置き換えられるので、体言の代用を示す格助詞。**イ**は「が」に置き換えられるので、主語を示す格助詞。**ウ**は連体修飾を示す格助詞。**エ**は疑問を示す終助詞。

2 「学校に向かった」の「に」と**エ**は、連用修飾語を作る格助詞。**ア**は様態の助動詞「そうだ」の連用形の一部。**イ**は副詞「すでに」の一部。**ウ**は形容動詞「きれいだ」の連用形活用語尾。

3 「静かで広かった」の「で」と**ウ**は、形容動詞の連用形活用語尾。**ア・イ・エ**はそれぞれ原因、手段、限度（時間）を示す格助詞。

4 「理解しながら」の「ながら」と**エ**は、動作の並行の意味を示す接続助詞。他も接続助詞の「ながら」だが、意味が異なり、**ア**は逆接、**イ・ウ**は状態が変化しないで継続する意味を表す。

5 「甘さから失敗する」の「から」と**ウ**は、原因・理由を示す格助詞。**ア**は原料・材料を示す格助詞。**イ**は起点を示す格助詞。**エ**は「暑い」という活用語の終止形に続いているので、格助詞ではなく、理由を示す接続助詞。

6 「去年の夏より今年の夏のほうが」の「より」と**エ**は、比較の対象を示す格助詞。**ア・イ**は名詞、**ウ**は「よりかかる」という動詞の一部。

7 **ウ**は対象を示す格助詞。他は主語を示す格助詞。

8 限定の意味を表す副助詞。「さえ……なら」「さえ……ば」の形にあてはめて作文するとよい。

9 「あらわすと」の「と」と**イ**は、接続助詞。**ア・ウ**は格助詞、**エ**は副詞「きっと」の一部。

ミス注意！

3 「で」という言葉を見るときは、**他の言葉の一部**ではないか注意しよう。

5 「から」は、格助詞（**ア・イ・ウ**）と接続助詞（**エ**）の区別も大切。格助詞の「から」は主に体言につき、接続助詞の「から」は活用語の終止形につく点をおさえておくとよい。

第8日 紛らわしい品詞・用法の識別①

▼32～33ページ

試験によく出るポイント

①助動詞 ②形容詞 ③形容詞の一部 ④助動詞
⑤動詞 ⑥連体詞 ⑦形容動詞の活用語尾
⑧連体詞の一部 ⑨助動詞 ⑩終助詞 ⑪格助詞
⑫接続助詞 ⑬形容動詞の活用語尾 ⑭助動詞

チェックテスト

1 (1)イ (2)イ (3)ア

2 (1)助動詞 (2)形容詞 (3)連体詞 (4)(補助)動詞 (5)助動詞 (6)(終)助詞

3 (1)ア (2)ア (3)イ

▼34～35ページ

入試実戦テスト

1 イ

2 イ

3 ア・助動詞

4

持た	され	て	いる	の	で	あろ	う	か
動詞	助動詞	助詞	動詞	助詞	助動詞	動詞	助動詞	助詞
(未然形)	(連用形)		(連体形)		(連用形)	(未然形)	(終止形)	

5 ウ

6 A オ B カ C ウ

入試実戦テストの解説

1 「眠っているらしい」の「らしい」は推定の助動詞。**ア**は形容詞の一部、**イ**は推定の助動詞。**ウ・エ**も形容詞の一部で、「らしい」が「…の様子」「…にふさわしい」の意味を表す接尾語としてはたらいている。

2 **ア**は「いらぬ」、**ウ**は「分からぬ」、**エ**「しれぬ」と「ない」を「ぬ」に置き換えることができるので、否定（打ち消し）の助動詞。**イ**は「おもしろくはない」とできるので補助形容詞。

3 **ア**は「ほめられぬ」と「ない」を「ぬ」に置き換えることができるので、否定（打ち消し）の助動詞。**イ・ウ・エ**は言い切りの形が「～い」となるので、様子や状態を表す形容詞。

4 まずは単語にきちんと分けられているかを確認する。三つある助動詞の見きわめがポイント。「れ」は、受け身の助動詞「れる」の連用形。「で」は、断定の助動詞「だ」の連用形。上の「の」が、「こと・もの」に置き換えられる体言の代用の格助詞であることから導く。「う」は推量の助動詞。助詞ではないので注意する。

5 「本にしおりをはさんで」の「に」は格助詞。**ア**は接続助詞「のに」の一部。**イ**は形容動詞「きれいだ」の連用形「きれいに」の活用語尾。**エ**は助動詞「ようだ」の連用形「ように」の一部。

6 Bは「ようだ」の一部である。Cはウ音便であることに注意。

ミス注意！

1～**6** 紛らわしい品詞の識別の問題は難しい。まずは、同じ形をした言葉について、それぞれの意味や用法をきちんと押さえておくようにしよう。入試に出題されるものはだいたい決まっているので、重点的に繰り返し学習しておくこと。

第9日 紛らわしい品詞・用法の識別 ②

▼36〜37ページ

試験によく出るポイント

①形容詞 ②副詞 ③深み ④補助動詞 ⑤過去 ⑥完了
⑦存続 ⑧想起(確認) ⑨受け身 ⑩可能 ⑪自発
⑫尊敬 ⑬限定 ⑭程度 ⑮完了 ⑯そうなる寸前
⑰連体修飾語 ⑱主語 ⑲体言の代用(準体助詞)

チェックテスト

1 (1)副詞 (2)連体詞 (3)形容動詞 (4)連体詞
(5)(転成)名詞 (6)(転成)名詞 (7)動詞

2 (1)ア (2)エ (3)ア (4)イ

▼38〜39ページ

入試実戦テスト

1 (1)オ (2)ウ (3)ウ (4)イ (5)エ

2 (1)イ (2)ウ (3)エ (4)ア (5)イ

入試実戦テストの解説

1 (1)「近接した」の「た」は「〜ている」と言い換えることができるので、ある状態が続いていることを表す存続の助動詞「た」。同じ助動詞の「た」でも**ア・ウ**は過去、**エ**は想起(確認)の用法である。**イ**は希望の助動詞「たい」の一部。

(2)「歴史上の」の「の」は連体修飾語の格助詞。**ア**は主語、**エ**は体言の代用。**イ**は連体詞「この」の一部。

(3)「作品ばかり」の「ばかり」は限定の副助詞。「〜のみ」と言い換えることができる。**ア**はその行為・状態が起こる寸前であることを表す。前に「今にも」などをつけると意味が通る。**イ**は「〜ほど・〜くらい」という程度を表し、**エ**は完了で、そのような状態になって間がないことを表す。

(4)「問われて」の「れ」は、助動詞「れる」の受け身の用法。**ア**は「〜できる」の意味になっているので、可能。**ウ**は動作主である「先生」を敬っているので、尊敬。**エ**は「自然と」とあるので、自発の用法である。

(5)「残しておく」の「おく」は補助動詞。**ア**〜**ウ**も補助動詞。補助動詞は「〜てある・〜ている・〜てくる」などの形で使われることが多い。**エ**は「テレビをみる」とあり、「みる」が動詞本来の意味で使われているので、補助動詞ではない。

2 (1)「安全に」は終止形(言い切りの形)が「安全だ」なので、形容動詞。**イ**も終止形が「変だ」で、同じ形容動詞。**ア**は終止形が「眠い」なので、形容詞。**ウ**と**エ**は活用しない自立語。**ウ**は副詞、**エ**は連体詞である。

(2)**ア・イ**は希望を表す助動詞「たい」。**ウ**は「得るのが難しい」という意味の形容詞「得がたい」の一部。

(3)「しばらく」は副詞。活用しない自立語で、「考える」という用言を修飾していることをおさえる。**エ**の「はっきり」が同じ品詞で、副詞。**ア**は終止形が「大切だ」なので、形容動詞。**イ**は終止形が「美しい」なので、形容詞、**ウ**は動詞。
(4)「裏返し」は名詞。「裏返す」という動詞から生まれた転成名詞である。**ア**の「力試し」が同じ名詞。**イ**は動詞。**ウ**は呼びかけの意味の感動詞。**エ**は副詞。
(5)「好きな」は終止形が「好きだ」となるので、形容動詞。**ア・ウ・エ**はそれぞれ終止形が「立派だ」「はるかだ」「大切だ」である形容動詞。**イ**は連体詞。**イ**の「おかしな」だけが、活用させることができないことをおさえる。

ミス注意！

2 (2)のように、――線部が一語ではなく、**ある語句の一部分**である場合がある。**ウ**は「得がたい」の部分全体で形容詞「得がたい」の終止形という構成になっている。**ア・イ**の――線部は「～したい」という希望の意味を表すが、**ウ**はそうならないというように、意味の違いや識別法などに注意して正しく見分けよう。

第10日 敬語

▼40～41ページ

試験によく出るポイント

①尊敬語　②謙譲語　③丁寧語　④召しあがる

⑤拝見する　⑥行きます　⑦申す(申しあげる)　⑧ご　⑨お　⑩お

チェックテスト

1 (1)ア　(2)イ　(3)イ　(4)ア
(5)ウ　(6)イ　(7)ア

2 (1)お訪ね し　(2)いただき
(3)おっしゃい(言われ)　(4)おります(います)
(5)召しあがる　(6)拝見する

3 (1)○　(2)×

入試実戦テスト

▼42～43ページ

1 ウ
2 ①いただいた　②うかがいたい(お聞きしたい)
3 イ・申します　エ・思うのですが
4 エ
5 ウ
6 イ

入試実戦テストの解説

1～**6** 敬語を使う場合に重要なことの一つは、尊敬表現と謙譲表現をとりちがえないようにすることである。尊敬語は**相手や話題になっている人のことを尊敬して**言い、謙譲語は**自分や自分側をへりくだって**言う表現である。

1 ウ「お持ちになる」は尊敬表現。Aさん自身が持っていくものを聞いているのだから、ここは謙譲表現の「お持ちする」などとしなければならない。

2 ①「(私が)あなたからもらった」ということなので、謙譲語を使って「いただいた」とする。
②「(私があなたから)聞きたい」という人物関係であることをふまえて、謙譲語を使った表現に書き直す。

3 **イ**「おっしゃいます(おっしゃる)」は尊敬表現。自分が言っているのだから、謙譲表現に直す。**エ**「思うのだが」の部分には敬語が使われていないので、丁寧語を使った表現に改めて、話す相手を敬うようにする。

4 **エ**は「お電話番号を教えていただけますか」などとするのが正しい。「ちょうだい(する)」はもらうの謙譲語だが、「電話番号をもらう」とは言わないので、**エ**のような言い方は適切ではない。

5 **ア**は「見る」のは相手なので、尊敬表現の「ご覧になっ(て)」などが正しい。**イ**は「あなた」の動作なので、尊敬語を使った「おっしゃっ(た)」などが正しい。**エ**は身内である「兄」の動作なので、謙譲語で「いただき」などが正しい。

6 火曜日に来るのは先生なので、まず「来る」は尊敬語を使って表す必要がある。そのため、謙譲語の「うかがう」を使った**ウ**は誤り。また、他人に対して話すときに身内である母を敬う敬語は使わないので、「おっしゃる」「お――になる」という尊敬表現を使った**ア**・**エ**は正しくない。したがって、前半も後半も正しい**イ**が正解。

ミス注意!
1~**6** 敬語は文の中で覚えるだけでなく、日ごろの会話においても、**正しい敬語を使う**ように気を配っていれば、実際の問題に出くわしたときに役立つ。

総仕上げテスト

▼44~47ページ

1 **イ**

2 名詞|助詞|助詞|動詞|助動詞
もの|か|も|しれ|ない

3 **エ**

4 **ア・イ・エ**

5 3

6 (1)**イ** (2)**エ**

7 ①接続詞 ②副助詞 ③動詞 ④形容動詞 ⑤副詞

8 **イ**

9 **ウ**

10 **ア**

11 **エ**

12 **イ**

13 **エ**

14 **オ**

15 イ

16 イ

17 (1) このテ　(2) ウ　(3) なさって

総仕上げテストの解説

1 「ゆっくり」が「歩く」を修飾する、連用修飾語としてはたらいている。

2 「もの」は補助的に使われる**形式名詞**。「ない」は「しれぬ」と「ぬ」に置き換えられるので、**否定（打ち消し）**の助動詞。

3 「ながら」は接続助詞。「読ん」は、動詞「読む」の連用形が**撥《はつ》音便**化したもの。「だ」は、過去の助動詞「だ」（助動詞「た」が音便についたため、濁音化したもの）。

4 「もちろん」は副詞、「断ら」は動詞「断る」の未然形、「れる」は**受け身**の助動詞、「だろ」は**断定**の助動詞、「う」は**推量**の助動詞。

5 付属語の数、つまり、助詞と助動詞の数を数える。単語に分けると、「有望な｜人材｜に｜活躍し｜て｜もらう｜しか｜ない」となる。「に」（**格助詞**）「て」（**接続助詞**）「しか」（**副助詞**）が助詞で、付属語はこの3つのみ。ここの「ない」は、「ぬ」に置き換えられないので、形容詞。付属語の助動詞ではないので注意する。

6 (1) 「ある」と**イ**「大きな」は連体詞。**ア**は副詞、**ウ**は形容詞、**エ**は形容動詞。

(2) 「忘れられぬ」と「ぬ」に置き換えられるので、助動詞。

7 ② 「だけ」は、限定や範囲などを表す副助詞。

8 「まったく」は、「ない」などの否定（打ち消し）の表現と呼応する、**呼応**（叙述・陳述）の副詞。したがって「まったく」は、否定の表現「ず」を含む文節である、「見せずに」を修飾している。

9 「指し」は、「ない」をつけると「指さない」となるので、五段活用動詞（「指す」の連用形）。**ア**はサ行変格活用動詞「する」の連用形。**イ**は「まねない」なので、下一段活用動詞（「まねる」の連用形）。**ウ**は「笑わない」なので、五段活用動詞（「笑う」の連用形の促音便）。**エ**は「信じない」なので、上一段活用動詞（「信じる」の連用形）。

10 「表れる」は自動詞だが、「表す」は「意味を表す」などのように、動作の対象を必要とするので、他動詞となる。

11 「電子辞書が」の「が」と**エ**の「が」は、対象を表す格助詞。ともに体言（名詞）についていることをおさえる。**ア**・**イ**は接続助詞。ともに活用語の終止形についている。**ウ**は連体詞「我が」の一部。

12 「読書だ」の「だ」と**イ**の「だ」は、断定の助動詞。**ア**・**エ**は過去の助動詞。**ウ**は形容動詞「静かだ」の活用語尾。

13 「ために」の「に」と**エ**の「に」は、格助詞。**ア**は接続助詞「のに」の一部。**イ**は形容動詞「さわやかだ」の連用形活用語尾。**ウ**は副詞「すでに」の一部。

14 「いるらしい」の「らしい」と**オ**の「らしい」は、「どうも」「どうやら」を補っても意味が通る推量の助動詞。**ア**・**イ**・**ウ**・**エ**は、それぞれ「かわいらしい」「男らしい」「学生らしい」「わざとらしい」という形容詞の一部である。

15 助動詞「れる」の用法を区別する問題。「思われます」の「れ」と**イ**の「れ」は、自発の意味。**ア**は尊敬、**ウ**・**エ**は受け身の意味。

16 「飲むかのように」の「ように」と**イ**の「ように」は、「まるで」を補っても意味が通るたとえの意味。**ア**・**エ**は**推定**、**ウ**は**例示**。

17 (1)「理由は……理由です」と、主語と述語で同じ表現が重複している点をおさえる。「このテーマにした理由は……思ったことです。」などとなおす必要がある。

(2)——線Xのような、**順接**の接続詞として使われる「なので」は、近年話し言葉で使われるようになった表現で、先生に送る手紙などに記す表現としては適切でない。したがって、代わりに順接の**ウ**「そこで」を用いる。**ア**「また」は**並立・累加**、**イ**「では」は**転換**、**エ**「つまり」は**言い換え**の関係で前後をつなぐ接続語としてはたらく言葉。なお、本来の「なので」は、「雨なので中止になった。」などのような形で使うのが正しい。

(3)「お体を大切に」「する」のは先生なので、謙譲語の「いたす」を用いるのは適当ではない。「する」の尊敬語である「なさる」を使った表現になおすとよい。

ミス注意!

12「だ」の識別の方法に注意しよう。**ア**・**エ**の過去の助動詞は、「挟ん」「やわらい」という音便形についている点に着目。**イ**の断定の助動詞と、**ウ**の形容動詞の活用語尾の識別は良く出題される。「とても」などの副詞を補って意味が通るものが形容動詞の活用語尾で、意味が通らないものが断定の助動詞と判断できるようにしよう。

×大きめの**とても**しおりだ。→断定の助動詞

○いつもより**とても**静かだ。→形容動詞の活用語尾